人を集める技術

東京商工会議所世田谷支部青年部 幹事長
元東京青年会議所 理事長
古谷真一郎

ACHIEVEMENT

はじめに

「地元の経済団体の役員をやっているけど、会員数が減ってきていて……」

「ボランティア団体を運営しているけど、人が集まらない……」

「地域の少年サッカーの監督をやっているけど、ついに部員ゼロの学年が……」

本書は、そんな悩みを抱えている人たちに向けてまとめたものです。


人を集めるといっても、いろんなケースがあります。まず、頭に浮かぶのが企業でしょう。少子高齢化に伴う人口減少時代に突入して、企業の採用活動が年々難しくなってきました。しかし、企業の採用をサポートする会社は少なくありません。書店に行けば、企業の採用ノウハウ本が書棚に並んでいます。


これに対して、本書が対象にしているのは、企業ではありません。

非営利団体です。

非営利団体は地域の経済団体からＮＰＯ、ボランティア団体、地域の子どもたちのスポーツチームまで、多種多様にあります。それでも、多くの団体の悩みは共通しています。

それは「人が集まらない」ということ。

今、会員の人数が減少傾向にある団体が続出しています。

なぜ、多くの団体が人集めに苦労しているのでしょうか？

地元の子どもたちのスポーツチームを思い浮かべてみてください。30年前は、スポーツチームといえば、野球チームくらいしかなかったはずです。

ところが、今はどうでしょうか。野球と同じくらい、もしくはそれ以上に、サッカーの人気が高くなりました。地元の体育館ではバスケットボールやバレーボールのチームが活動しているかもしれません。地域によってはタッチラグビーなどの特色あるスポーツが盛んです。さらに、同じサッカーチームといっても、小学校区を単位にした地域密着型のチームもあれば、広域の子どもたちを集める強豪クラブもあり、Ｊリーグの下部組織もあります。

一方で、子どもたちの時間の使い方が多様になったという、社会的背景もあります。スポーツだけでなく、習い事の種類は一昔前よりもはるかに増え、塾通いをする子どもも飛躍的に増えました。さらに、遊びに出かけるにしても、今はテーマパークからシネマコンプレックス、科学館まで、選択肢が数限りなくあります。週末の子どもたちの活動が、かつてとは比べものにならないくらい多様化したのです。

大人の集まりも同じです。

かつて社会奉仕団体といえば、ロータリークラブやライオンズクラブなど、数えるほどしかありませんでした。ところが今では、数えきれないくらいのボランティア団体やＮＰＯが活動しています。しかも、専門性の高い団体が増えました。

ただでさえ人口減少時代を迎えているのに、これだけ選択肢が増えるとどうなるでしょうか。一つ一つの団体の会員が減ってしまうのは当然です。

非営利団体に人を集めるのが極めて難しい時代になったのです。

私の本業は会社経営です。アクセサリーブランドをはじめ、幾つかの会社を経営しています。その傍ら、さまざまな非営利団体の運営に関わってきました。

代表的なものが青年会議所（ＪＣ）です。

私は東京ＪＣ世田谷区委員長を経て、２００４年に東京ＪＣで第55代理事長を務めました。ＪＣは40歳までという年齢制限があるため、私はすでに卒業しています。

現役時代は全国各地で会員拡大の講演をしてきたのですが、卒業と同時にそれも封印していました。ＪＣは現役メンバーのものであり、ＯＢが口を出すところではないからです。

しかし、私が紹介して入会した後輩から、あるとき相談を持ち掛けられ、ぜひ、会員拡大の講演をしてほしいと依頼がありました。

なぜなら、私はこれまでに多くの人をＪＣに入会させてきたからです。

本書を出版するにあたり、東京ＪＣ事務局に確認してみたところ、これまでに私の紹介で56人の会員が入会したことがわかりました。これは東京ＪＣでの最高記録だそうです。ただし、これは私が推薦書にハンコを押した人数ですから、私が入会のクロージングをしたものの、別の人に紹介を託したケースを含めると、70人は下らないでしょう。

私は知らない顔をすることもできず、数年ぶりに講演を引き受けることになりました。結果、私が講演会を行った2017年、東京JCでは最高記録となる190名の新入会員を獲得しました。

もちろん、私の講演が結果を出したのではなく、現役メンバーが努力をした結果です。私はきっかけをつくったにすぎません。

もう一つ、若いころから長年、関わっている非営利団体にボーイスカウトがあります。あるとき、私が所属している団の団員数が、たった1人になったことがありました。立て直しをおこなって、6年で80人を超える団員数にすることができました。

私の息子が地元の少年野球チームに入ったとき、彼は13人目のメンバーでした。野球チームとしてはギリギリの人数でしたが、私がコーチ、監督、チーム代表として所属して来たあいだに、30人を下まわることのないチームになりました。

世田谷法人会青年部会の部会長を引き受けたときは、会員は74人。会合で集まるのは10人程度でした。それが2年間で会員は124人になり、活発に活動する仲間を多く増やすことができました。

ふりかえってみれば、私は多種多様な団体の人集めで結果を出してきました。といっても、特別なことを意識してやってきたわけではありません。ましてや系統立ったノウハウがあるわけでもありません。一つひとつの団体、一人ひとりのメンバー、一人ひとりの未来のメンバーと向き合ってきただけです。

各地のJCで会員拡大の講演を頼まれるようになったのは、2005年ごろでしょうか。そのとき、人を集めるにあたって、自分がとくに意識せずにやってきたことを整理してみました。そして、参考になる資料のようなものはないか、自分なりに調べてみましたが、非営利団体の人集めに関する書籍は見あたりませんでした。そのときに痛感したのは、非営利団体の人集めのノウハウというものが、まだ確立されていないということでした。だからこそ、自分なりにやるしかありません。

人を集めるために、思いつくかぎりのことを、時には1人で、あるいはメンバーとともに実践し、時には失敗をしてもう一度方法を練り上げ、結果を精査して独自の「人を集める技術」を固めてきました。

同時に、自分なりの新たなリーダーシップも確立することができました。

その技術は一体どういうものなのか、そしてどうすれば人が集まる組織へと変革できるのか。次のように、これからお伝えしていきます。

第1章「『人が集まらない』その理由」では、多くの非営利団体が抱える問題点を整理しました。

第2章「人を集める処方箋」では、人が集まる組織づくりの具体的なノウハウを紹介しています。

第3章「人が集まる組織・団体の動かし方」では、私が関わった団体の実例を取り上げました。

第4章「運営者が持つべき6つの心得」では、人が集まる団体のリーダーとして、頭の片隅に置いておいてほしいことを記しました。

人集めが難しい時代だからといって、あなたの団体が先細らなければならない理由はどこにもありません。

どの団体も、人で成り立っています。
人が集まるようになると、組織が活性化していく。
すると、さらに人が集まってくる。
そんなプラスの循環が生まれてきます。

本書を参考にして、ぜひ、人が集まる魅力的な団体に変えてゆくきっかけにしてほしいと願っています。

第3章　人が集まる組織・団体の動かし方

第4章　運営者が持つべき6つの心得

第1章

「人が集まらない」その理由

有名団体や老舗団体にも人が集まらない時代

あなたが関わっている団体の会員数は、どのように変化しているでしょうか？

本書を手に取ったということは、きっと会員数の減少に頭を悩ませているはずです。


団体といっても、実に多種多様です。

たとえば、少年野球や少年サッカーのチームなら、ある学年だけポッカリと人数が少ないというのはよくあること。かつては1学年20人くらいいたのに、今は10人集めるのがやっと、というケースも増えているのではないでしょうか。


私が長年関わっているボーイスカウトは、野外活動や奉仕活動などを通して、自立した青少年を育成するものです。

あなたも、ボーイスカウトの制服を着た子どもたちが募金活動などをしている光景を目にしたことがあるかもしれません。ところが最近は、ボーイスカウトの子どもたちの姿を見る機会が減ってはいないでしょうか。

文部科学省所管という信用度の高さと、長い伝統を誇る、非常にポピュラーな公益法人であるボーイスカウトも、少子化の影響を受けた近年は、会員の減少が深刻な状況にあります。

私が中学生だった昭和55年、全国で約30万人の加盟者がいたころが思えばピークでした。財団法人ボーイスカウト日本連盟によると、1998年には加盟者の総数が23万6367人だったのが、2017年には約10万4086人と、20年で半数以下、ピーク時と比べると約3分の1にまで減少しているのです。

一方、全国各地では、産業別の団体など経済団体が数多く活動しています。そうした団体の多くも、会員の減少に苦しんでいるようです。

私が所属していた東京青年会議所は、1949年に設立された日本で最初に誕生した青年会議所で伝統のある団体です。「新日本の再建は青年の責務である」という志のもと、明るい豊かな社会の実現に向けて運動を展開しています。JC運動そのものは、1915年にアメリカで誕生しており、100年以上の歴史があります。

ロータリークラブやライオンズクラブといった団体も、世界的な社会奉仕団体です。JCやロータリークラブ、ライオンズクラブといった歴史のある団体も、年々会員数は減少傾向にあり、新規会員の確保が大きな課題になっています。

これらの非営利団体を、人集めという切り口で考えたとき、大きく分けて2つのタイプがあります。

1つは、年齢制限のある団体。

典型例が青年会議所（JC）です。JCの会員は40歳までという規定があり、それを超えると卒業となります。また、その他の地域の経済団体にも、青年部を置いているケースがあります。これも年齢制限のある組織です。

大学のサークルや子どものスポーツチームも卒業・卒団があります。

こうした団体の場合、単純に卒業数と比べて入会数が少なければ衰退していきます。当然、毎年、新しい人を入れなければならないというのが重要なミッションとなります。

２つ目は、年齢制限のない団体です。

こうした団体は、やめる人がいなければ、入る人がいなくても会員は減りません。しかし、安心してはいられません。放っておくと、会員の高齢化が進むばかり。人数は維持できても、活動の停滞は避けられません。放っておけば、いずれは会員が激減する時期はやって来ます。

年齢制限のない団体でも、新しい会員の獲得は永遠の課題。経済団体が青年部を置いていることがあるのは、若手を囲いこむという意図があるともいえます。

いずれにしても、新しい人を入れなければ、組織は活力を失っていきます。その結果、いずれは消滅を余儀なくされるのです。

「お付き合い」の時代は終わった

なぜ、多くの団体で人集めが難しくなっているのか。それには、大きく分けて次のような4つの背景があります。

1つは、少子高齢化による人口の減少。人が減れば、人を集めにくくなるのは当然のこと。顕著なのは、少子化の影響で数を減らしているボーイスカウトや子ども向けのスポーツチームです。

そもそも子どもの数が減っているので、部員集めが難しくなるのは当然のことといえるでしょう。1学年の人数は、1971～74年生まれの団塊ジュニア世代には、200万人を超えていました。ところが近年の小学生は、1学年100万人強。子どもの数が半減しているのです。

2つ目は、選択肢の多様化です。「はじめに」で触れましたが、子どもも大人も週末ライフの選択肢が激増しました。ただでさえ人口減少時代に突入したのに、選択肢が増えればどうなるでしょうか。1団体あたりの会員数が減るのは当然です。

3つ目は、いわゆる「お付き合い」で入会する人の減少です。

かつては地域や業界のつながりで、なんらかの団体に入るということがありました。「地元で商売をしていれば当然入るよね」という団体があったはずです。

ところが今は、そういう時代ではありません。地域の関係が希薄化して、お付き合いで入ってくれる人は激減しています。自分はお付き合いで地域の経済団体に入っているのに、跡継ぎである自分の子どもは入れていない、というケースさえ見られるようになりました。

4つ目は、「魅力が見えない団体」です。

その団体の内容に共感が出来ない、自分が所属しても価値を見出せない、そもそも団体自体を知らない、などがそれにあたります。または活動が不透明であったり、厳しそうに見えたり、人間関係が複雑そうであったりなど、団体の良いところがうまく広報出来ていない場合にも、興味をもってもらえません。

放っておいても人が集まる時代は、すでに過去のものといえます。

だからといって、手をこまねいていてはその団体は衰弱するだけです。何も周りと足並みをそろえて会員を減らす必要はありません。勝ち残ってもいいのです。

「仕事をしているから、時間がない」

「面倒くさい」

そんな理由で非営利団体に加わるのを避けている人もいます。

私はむしろ、そうした人たちを前にすると燃えます。

「どうにかして、この人を巻きこもう」と考えるからです。そういう人たちを入会させることの方が楽しいとすら思っています。

営利を目的にしない団体に人を集める難しさ

非営利団体ならではの人集めの難しさもあります。

それは、対価が明確ではないこと。

会社に所属することの最大の対価は、お金です。仕事には、お金以外にも生きがいや達成感といった対価がありますが、給料が出ない会社に入る人はいません。生きていくために必要なお金を得られること。これが会社に所属する大きなメリットです。

たとえばコンビニエンスストアのアルバイトの募集。周辺の時給の相場が950円だとしたら、1000円で募集すれば応募者が集まりやすいでしょう。逆に、900円だと募集に苦戦する可能性大。待遇を良くすれば人が集まるという、単純な面があります。

ところが、非営利団体に入っても、基本的にお金はもらえません。大きな団体の場合は、事務局の職員を有給で雇用しているケースもありますが、それは仕事であって、非営利の活動とは意味合いが異なります。

一般的に非営利団体に入るということは、お金をもらえるどころか、逆に会費を払わなければならないことがほとんどです。

しかも、非営利団体に参加しなくても、別に生活に困りません。不便もありません。それなのに、わざわざ時間とお金を費やしてもらい、参加してもらわなければなりません。これが、非営利団体の人集めの大きな壁になっています。

ただし、地域の経済団体には、お金目当てで入ってくる人がけっこういるので要注意です。

経済団体に加盟している人は、経営者が多いということがあります。こうした人たちをターゲットにセールスをしようと、営業目的で入ってくる人がいます。そうした営業目的の人は、いつのまにか退会しています。自分が扱う商品を売ることが目的であって、その団体で活動することにはなんの興味もないからです。

お金目当てではない大半の人たちは、お金と時間を使ってまで、非営利団体に加わることのリターンを何に求めるのでしょうか。

それは、団体の活動内容や個人の志向によって千差万別です。一概にこれとは言えません。

ただ、少なくともその団体に加わることに何かしら魅力がなければ、当然ですが、入ろうとする人はいないのです。

面白くなければ、人は集まらない

それでは、その団体の魅力とはなんでしょうか？

「面白いかどうか」

私は、単純にこれに尽きるのではないかと思っています。

東京の世田谷区に住んでいる私は、区内のさまざまな団体に所属しています。商売している人や会社を経営している人であれば、地元でネットワークをつくりたいものです。取りあえず地域の経済団体に参加してみる人もいるでしょう。親の代から入っている団体があるという人もいるかもしれません。

ところが、いざ会議に顔を出してみたら、小難しい話ばかり。ほとんど理解できない話を聞きながら、とくに自分がやることもなく、短くない時間がジリジリと過ぎていきます。しかも、いつも決まって古株の6～7人しか集まらないらしい――そんな状況で、次も行こうと思いますか？


その団体の集まりがつまらなければ、当然、足は遠のきます。

大切なのは、一緒にいて楽しい仲間がいることと、その仲間たちが集まる場があること。


行くと面白い。

何か楽しいことがある。

仲間ができる。

そういった、何かしら自分にプラスになることがあれば、次も行こうという気になるのです。


たとえば、「法人会」という団体が各地にあります（近畿圏には法人会はありません。納税協会という別団体があります）。中小企業や個人事業主らを対象にした非営利団体で、税務署の管轄地域ごとに組織されています。

この法人会に、「税制に興味があるから」と入ってくる人は少数派だと思います。

せいぜい「税金の相談に乗ってもらえるかな」「節税になりそう」といった程度の関心でしょう。そんな団体で、年に1回の総会しか集まる場がなくて、しかもいつも決まった人がパラパラと来るくらいだとしたら、当然、会員は増えないでしょう。飲み会でもゴルフでもなんでもいいので、「参加すると楽しめる場」をつくらなければ人は集まりません。

もちろん、その団体の本来の活動に参加するのも大切ですが、「近所で楽しく飲める場所が1つ増えた」ということでも、最初のきっかけとなるはずです。

もちろん、面白いだけで人が集まるかといえば、それもまた違います。「楽しく飲める場所」は、あくまできっかけでしかなく、オプションです。

ただ飲んで騒いでいるだけの団体に入りたいと思うでしょうか？　それならわざわざ会費を払って団体に所属する必要はありません。単なる飲み仲間でいいわけです。

楽しくなければダメ。でも、楽しいだけではダメ。

楽しさにプラスして、その団体の活動に加わることによる充実感や達成感を味わえるかどうか。有意義で魅力ある団体であるかどうか。これが最も重要なことです。

毎年同じ、効果の見えない「会員集め」をしていませんか？

どの団体も、会員の確保は死活問題。会員の数自体が団体の存亡をダイレクトに左右するからです。

会員が減っている団体はどこも「会員を増やさなければ……」という危機意識を抱いているはずです。会議で新規会員獲得が議題に上ることもあるでしょう。

それでは、団体として何か具体的な行動に移しているでしょうか？

会員集めが掛け声だけになっていないでしょうか？

少年野球チームなら、年度初めに、地元の小学校の校庭を借りて体験会を開いているかもしれません。そこに子どもたちを集めるために、ビラをつくって地域の小学校に配っているはずです。こうした毎年やっていることは、新年度も踏襲していることでしょう。

しかし、例年通りの体験会を開いて、それで終わりにしてはいないでしょうか？　そこに来た子どもたちに、また来てもらうためのフォローをしているでしょうか？

あるいは、地域の経済団体なら「若い人たちにまかせていこう」という気運が高まっているかもしれません。

そう言いながら、若い人たちに自分の考えを押し付けたり、面倒な仕事ばかりを振ったりしていないでしょうか？

若い人たちに委ねて、自分たちのやりたいようにやらせてみる。それで失敗したら、ベテランが責任を取る。それくらいのことをやっているでしょうか？

「現状維持は衰退である」

これは、会社経営でよく言われるフレーズです。非営利でも、かつてと同じことを繰り返しているだけでは、組織は拡大しません。

会員を集めなければと言いながら、毎年同じ、代わりばえがしない方法で会員集めをしていないでしょうか。それが、効果があるならばいいでしょう。しかし、毎年会員数が減少しているのならば、それは効果的ではないということです。にもかかわらず、例年通りの方法を踏襲している団体は非常に多いのです。

新しい見せ方を示せないこと。これが団体を衰退へと向かわせるのです。

わかりやすく団体の魅力を発信していますか？

どんなに魅力的な団体でも、情報を発信しなければ何も外部に伝わっていきません。そもそも、世間的にはそんな団体が存在していることも知られていない状況かもしれません。

メンバーがどんなに充実感を味わっていたとしても、その活動を外に広げていかなければ、単なる自己満足で終わってしまいます。それでは会員は増えていきません。

大切なのは、団体の見せ方・見え方。

ところが実際には、これがあまり得意でない団体が多いというのが、私の実感です。「うちは広報が下手だから」と苦手意識を持っている団体さえあります。

今はインターネットで誰もが簡単に情報発信できる時代。ホームページやSNSを活用しない手はありません。

人を集めるために、いかに団体の魅力を発信するかが問われているのです。

魅力がある団体に必要な5つのエッセンス

先にお伝えしたように、私はJCに多くの会員を入れて来たことから、十数年前から会員獲得についての講演を依頼されるようになりました。

人が集まる団体に変え、組織を活性化するにはどうすればいいのか。

そうした講演をするにあたって、「人を集める技術」をわかりやすく、すぐに実践できるように整理したのが、次に挙げた、人を集める組織に必要な「5つのエッセンス」です。

（1）アイデンティティ
（2）目標設定
（3）会員増強
（4）運営改革
（5）戦略・戦術

私は講演のとき、「志」や「熱意」といった精神論ではなく、その団体で問題意識を持ち、明日から会員獲得に向けて具体的な行動を起こせるように話をしています。

「志」や「熱意」と言った精神論だけでは具体的な解決には結びつかず、ただ「良かった」「ためになった」で終わってしまうからです。それでは、実際に明日から何をすればいいかがわからなくなります。

私がお伝えするのはノウハウではなく、「アクションハウ」。

単なる知識ではなく、今からすぐに行動に移せるような形で、5つのエッセンスそれぞれについて、第2章から詳しくお伝えしていきます。

第2章

人を集める処方箋

エッセンス1

アイデンティティ

〜団体の目的を共有せずして、人は集まらない〜

全員が同じ答えを言えますか？

人が集まる団体づくりのために最初にやるべきこと、それは団体の「アイデンティティ」、つまりその団体の存在理由である「目的の共有」です。

ボランティア団体でも、経済団体でも、子どもたちのスポーツチームでも、なんでも構いません。あなたが所属している団体の「目的」はなんですか？

おそらく、即答できない人が大半ではないでしょうか。

先日、ＪＣの講演会で、５人ほどの参加者を指名して「ＪＣはなにを目的とする団体ですか？」と尋ねてみました。

すると、「恒久的な世界平和」「地域振興」など、それぞれが思い思いのＪＣ像を挙げ、５種類の違う目的の団体が答えられてしまいました。

ＪＣの理念を正確に言えたのは、５人中たった１人。答えは「明るい豊かな社会の実現」をめざす団体です。

世の中にはいろんな集まりがありますが、中でもＪＣは目的意識の高いメンバーが集まっている団体だと思います。そんなＪＣでも、団体の理念や目的を正確に把握している人はごくわずかしかいないということがわかります。

世界平和や地域振興といった言葉は、ＪＣの目的から大きく逸脱しているわけではありません。しかし、これらはあくまでも一人ひとりの主観です。

かりに、ＪＣに興味のある人がいたとします。その人が「ＪＣって、どんな団体なの？」と質問して、メンバーから返ってくる言葉がそれぞれ違ったらどう思うでしょうか。

５人に聞いて、５通りのＪＣの説明があれば「この団体ってなんなの？」「もしかして、まとまっていないの……？」と疑問を抱かれてしまうかもしれません。

あなたがもし、知人から「うちの会に入りませんか？」と誘われたとします。そのときあなたは「何をやっている会なの？」と聞くはずです。

私なら、なんだかよくわからない会には入りません。

「地元の中小企業の経営者が集まっている会で、地域経済の活性化を目的にしている」と説明されれば、入るか入らないかは別にしても「私は中小企業の経営者だから誘われているんだ」と納得できます。

それに加えて「毎年夏に市役所前で地域産業展ってやっているのをご存じですか？あれを運営している会です」と言われれば、「なるほど。地域経済を盛り上げるイベントも開いているんだ」とイメージできるはずです。

ところがその会に入っている別の人には「異業種交流会みたいなものだよ」と言われたとします。

そう聞くと、地域活性化というより、それぞれが自分の儲けにつなげるための団体のように受け止められます。人によって言うことが違うと、一体どんな団体なのか、なんだかよくわからなくなってしまいます。

「この団体の目的はこうです。それに賛同してくれる人を誘っています」

自分の団体に人を誘うためには、このロジックが明確であるべきです。

その団体はなんのために存在するのか？

この理念や目的といったものを共有すること。これが、人が集まる組織づくりの第一歩なのです。

どの団体にも規約や会則があるはずです。それを今一度ひも解いてみてください。団体の目的が記されていませんか？

それをメンバーで共有してみてください。そうして、「この団体の目的はなんですか？」と聞かれたときには、全員が同じ答えを迷うことなく答えられるようにしましょう。

人集めは、まずはここから始まります。

会員全員が団体の目的を正しく共有していること、それはイコール、団体の強さにもつながるからです。

理念には3つのタイプがある

団体の理念には、大きく分けて次の3つのタイプがあります。

①「現場対応型」

②「目的追求型」

③「未来志向型」

それぞれによって、目的の掲げ方が変わってきます。

◎現場対応型（短期目的型）

あるイベントを企画運営するために立ち上げる実行委員会が、代表例です。イベントの企画から準備、当日運営、片づけ、そして打ち上げが終われば解散です。

単発のこうしたイベントにも、目的を明確にすることは必須です。

たとえば、世田谷区には「せたがや産業フェスタ」というイベントがありますが、もともとは区内の産業をアピールすることを目的とした場でした。

ところが、年数がたつうちに、産業のアピールが薄れ、単なる商店街のイベントのようになってきました。それでは「世田谷区の産業を訴求する」という、本来の目的が実現できません。

これまで、商店街、工業、農業、ＪＣ、法人会などが中心となり、進めてきましたが、他にも区内産業はあります。そこで、私がこの実行委員長になったのを機に、福祉や教育、金融、スポーツなど、区内の多種多様な産業に参加してもらう方向へ、大きく転換するべく準備を進めています（執筆時は就任したばかりで、イベントは未だ開催されていません）。そうすることでイベントも盛り上がり、目的も達成できます。

バラバラに配置されたブースも、体験ブース（産業体験）、見る・知るブース（産業ＰＲ）、お土産ブース（区内商品ＰＲ）などに分けて、産業をアピールした構成に変更をしています。

単発のイベントの場合は短期決戦のため、目的を明確に強く打ち出し、わかりやすくすることが非常に重要となります。

◎目的追求型（中期目的型）

たとえば、法人会は目的追求型。その目的は、次のようなものです。

「税のオピニオンリーダーとして　企業の発展を支援し　地域の振興に寄与し　国と社会の繁栄に貢献する経営者の団体である」

税の啓発や租税教育といった、具体性のある目的を掲げているわけです。

法人会が、地域のイベントで税金クイズを開催していることがありますが、これはこの目的を達成するための手段だということがわかります。

他にも、工業団体や農業団体などは、目的追求型の団体といっていいでしょう。

こうした団体の場合、団体名そのものが目的を表しているケースが少なくありません。目的を内部で共有しやすく、外部にも伝えやすい団体といえます。

◎未来志向型（長期目的型）

未来志向型の団体は、抽象的で大きな目標を掲げ、長いスパンで未来に向かっていく非営利団体です。

代表例が青年会議所（ＪＣ）です。ＪＣは「明るい豊かな社会の実現」を理念に掲げていますが、これはすぐに達成できるものではありません。それこそ果てしない、終わりのない道のりを歩む団体といえます。

こうした団体の場合、目的が抽象的であるため、具体的にどのように行動すればいいのかわかりにくい面があります。

このため、目的を達成するにあたっては、中期計画や年次計画に落とし込む作業が必須です。

長い理念は、コンパクトにまとめる

あなたが関わっている団体の理念や目的に、目を通してみましたか？

それは、もしかすると、長文になっているかもしれません。それでは頭に入れるのも一苦労。メンバーで共有するといっても、簡単ではありません。

そんなときは、要約したり、キーワードを拾ってコンパクトにすることです。

たとえば、ボーイスカウト日本連盟の教育規定にある「教育の目的」は次の通りです。

「本連盟は、ボーイスカウトの組織を通じ、青少年がその自発活動により、自らの健康を築き、社会に奉仕できる能力と人生に役立つ技能を体得し、かつ、誠実、勇気、自信及び国際愛と人道主義を把握し、実践できるよう教育することをもって目的とする」

これをすべて暗記するのはもちろん、一読で理解をすることは容易ではないでしょう。

私はこれを

「社会に貢献できる人間力を備えた人材育成」

と捉え直しています。

平たく言うと

「受身じゃダメ。自分から進んで行動できる子を育みましょう」

ということです。

これならば、実際の加盟者である子どもたちにも、説明しやすくなります。

団体の理念や目的を変えることはできません。目的は過去から大切に受け継がれてきたものだからです。コロコロ変えてしまっては、それこそなんの団体かわからなくなってしまいます。

しかし、みんなで共有できなければ意味がありません。長くておぼえにくいものならば、その意義、意味は変えずに、コンパクトに縮めると共有しやすくなります。

中期計画や年次計画に落としこむ

その団体はどこを向いていて、誰のためのものなのか。前述した通り、そうした目的を明確にし、加盟者全員で正確に共有することは、すべての非営利団体に背骨を通すことになります。

しかし、それだけでは不十分。目的を掲げるだけではなく、それをどう行動に落としこめばよいのかを具体的にする必要があります。

たとえば、ＪＣの理念は「明るい豊かな社会の実現」だと先ほど触れました。それでは、明るい豊かな社会とは、どのようなものなのでしょうか？

JC宣言では「個人の自立性と社会の公共性が活き活きと協和する確かな時代」とうたわれており、今求める理想となる「明るい豊かな社会」を定義付けています。しかし、100年前と今を比べたとき、個人の自立性や社会の公共性が意味するところは同じでしょうか？　そんなことはありません。

豊かさ一つ取っても、100年前と今とでは大違いです。それどころか、人口も経済規模も右肩上がりで伸びていた高度成長期と、今を比べても、豊かさの捉え方は違います。

たとえば、高度成長期に「エコロジー」という考え方が根付いていたでしょうか。それよりむしろ、大量生産・大量消費を良しとしていました。

求める「明るい豊かな社会」という理想の社会は、時代とともに変わっていくのです。そうなると、目的を実現するための事業内容も変えていかなければなりません。


理念は不変。

理想は可変。

この2つには、こうした違いがあるのです。理念や目的は1つですが、理念に向けた理想の状態は時代によって変わるのです。その実現に向けた手段や手法は無限にあるわけです。

たった1つの目的を達成するために、何をどう実施すれば実現できるのか。具体策を中期計画や年次計画に落としこむ必要があります。

理念に基づいた目標を達成するために、指針や中長期ビジョンなどを策定し、それにそった年次計画を立てています。

10年程度を1クールとして指針や中長期ビジョンを見直すことで、理想とする時代にフィットした「明るい豊かな社会」を実現するための活動を、具体的に計画できるようになるわけです。

ちなみに、私は年次計画のベースを考えるときは、手帳を活用しています。

手帳には、関わっている団体ごとにページを設けて、思いついたアイデアを思いついたときに即書き留めるようにしています。

時にはメンバーを集め、思いつくキーワードをポストイットに1つずつ記載してもらい、メンバーのニーズを拾う作業を行います。集まったキーワードをジャンルに分けながらまとめて行く方法を取ることもあります。

アイデアがまとまったところで一気に集中して書き上げます。そのあとは、それを実行できる意欲と実力のあるメンバーへ、メールやSNSを通じて、計画の内容を都度伝えていきます。そして、意見を聞きながら改善すべきところは改善する……それを繰り返し、ブラッシュアップするうちに、その作業自体がメンバーへの共有となり、根まわしとなります。

計画が定まるまでのプロセスから関わってもらうことで、主要なメンバーたちの理解が深まり、最終的な決を採る場で合意を得ることがスムーズになります。

わかりやすいスローガンを掲げる

先日、JCで一緒だった方に卒業以来久々にお会いする機会がありました。私が東京JCの理事長だったのは、もう10年以上も前のこと。それなのに、当時、私がつくったスローガンを彼はおぼえていてくれました。

「一人の声から、一人の熱意から、一人の行動から」

というものです。

これは、私の座右の銘。

「改革だ」「世の中を変えるぞ」と言っても、結局は一人ひとりがその気にならないとダメでしょ、ということです。

どんなに大言壮語しても、自分自身が行動しなければ、何も始まりません。

私は理事長挨拶のとき、毎回このスローガンを言いました。それで、みんなが今でもなんとなくおぼえてくれているようです。

これはあくまでも個人的に掲げたサブのスローガンです。JCの目的を達成するために、一人ひとりが行動しようというものです。

サブスローガンだけでなく、私は東京JCの理事長時代、年次スローガンも掲げました。それは

「動かそう地域社会、つくろう活力ある日本」

というものです。

これはサブスローガンのような個人的なものではなく、執行部で決めた年次スローガンでした。これにどうしてももう1つ、メッセージを加えたいと思い、先ほどの「一人の声から、一人の熱意から、一人の行動から」をサブスローガンにしたのです。

先にお伝えした通り、理念や目的といった背骨は絶対に変えることができないものです。それを団体内で共有したり、外に向けてわかりやすく発信したりするために、コンパクトにまとめるという方法を述べましたが、「スローガンやサブスローガンをつくる」というのも、効果的な一手となります。

目的と手段を混同しない

団体によっては、理念や目的が明文化されていないケースも珍しくありません。私の息子が入っていた少年野球チームがそうでした。

そうなると、スポーツチームがどうなるか？

もう10年以上前ですが、初めて試合を見に行ったときの光景を今でもおぼえています。相手チームの子どもたちはピシッと整列しているのに、わが子のチームの列はフニャフニャ。大きな声で返事もできませんでした。

そうしたチームに、子どもたちは憧れて入りたいと思うでしょうか？　親御さんたちも、「このチームにわが子も入れたい」と思うでしょうか？

当然ながら、当時のチームはプレーする人数にも困るほど、メンバーが少ない状況にありました。

そこで、私がこのチームの監督を務めることになったとき、まず最初におこなったのが、次の「4つの約束」の制定です。

きちんと並（なら）ぼう！
元気（げんき）に声（こえ）をだそう！
楽（たの）しく一生懸命（いっしょうけんめい）にやろう！
自分（じぶん）の事（こと）は自分（じぶん）でやろう！

この4つです。これをはがきサイズにプリントアウトして、子どもたち全員に配りました。

まず、徹底的に訓練したのが整列です。二度と練習試合でフニャフニャと並ぶことがないように、野球の練習よりも先に、素早くきれいに並べるようになるまで何度も練習をしました。

次に、大きな声で返事をすること。そのためには、おうちでも、お父さんとお母さんに「おはようございます」と大きな声で挨拶しよう、と伝えました。

そのほかにも、「コーチにアドバイスされたら、一生懸命取り組もう」「自分のことは、お母さんに手伝ってもらわずに自分でやれるようになろう」、そう子どもたちへ繰り返し伝えました。

子どもたちはいっぺんにたくさんのことはできません。とにかくこの4つの約束だけは、きちんとやろうと呼びかけました。

練習よりも、試合よりも、先になぜこの4つの約束を徹底したのか？

それは、少年野球チームの目的は、野球がうまくなることでも、試合に勝つことでもなく、「野球を通じて自立した青少年の育成をめざす」というものだからです。

ここがブレては、すべてを間違えてしまいます。


たとえば、少年野球の試合を見ていると、監督やコーチが「打てよ！」と怒鳴っているのをよく目にします。百歩ゆずって「振れよ」ならまだわかりますが、子どもは打ちたくても打てないのです。私たちのチームで「打てよ！」と声を張り上げることはありません。一生懸命に振ってくれればいいのです。


なぜなら、少年野球チームにとって、野球は手段であって、目的ではないからです。

確かに試合に勝つことも大事ですが、それよりも普段の練習を一生懸命にやり、仲間と共に一つのことを成し遂げること、勝つことの喜びと、負けることのくやしさを体験することにより、勝者を称え、敗者を思いやる気持ちを育むこと。公（みんな）と個（自分）を知ることなど、仲間がいるから得ることのできる多くのことを大切にするべきです。

私は「試合はごほうび」と言っています。勝っても負けてもどちらでも、子どもたちが一生懸命に取り組んでいる姿にこそ意味があります。大人たちも、そんな子どもたちを見ていると、かわいいと思うと同時に、胸を打たれるような感動をおぼえます。

「野球を通じて自立した青少年の育成をめざす」というのが私たちのチームの基本的な姿勢。野球がうまくなること、試合に勝つことが目的ではありません。それらは、あくまでも自立した青少年になるための手段です。

とはいえ、小学生に「自立した青少年」と言っても伝わりません。そこで、わかりやすくて、すぐにできる4つの約束を、標語にまとめたのです。これなら小学1年生でもわかります。保護者にも、チームのスタンスがすぐに伝わります。

チームによっては「技術の向上」や「全国大会出場」を目標にしているケースもあるでしょう。保護者の中にも「野球がうまくなってもらいたい」と思って子どもを野球チームに入れる人がいるかもしれません。

しかし、私たちのチームはそうではないことが一目瞭然です。「一生懸命プレーするわが子を見たい」「野球を通して成長してほしい」。そう思っている保護者に共感してもらえるチームづくりを進めて来ました。

さて、「4つの約束」を徹底したら、子どもたちはどうなったでしょうか。

2年もすると、この4つが当たり前になったのです。朝、子どもたちの前で「チームの4つの約束言える人！」と投げかけると、「ハイッ！ハイッ！」と手をあげて答えてくれるようにまでなりました。当たり前になると、あとはラクです。「いつもはできるのに、今日はなんでできないの？」と注意するだけで、子どもたちは心身がピシッと整うようになりました。きれいに整列できなかったとき、「なぜ並べないのか？」と6年生に問います。5年生には言いません。すると、6年生は「自分たちがやらなければ」と自覚が高まります。6年生が変われば、全体が変わる。リーダーが模範となり、それにならってチームがまとまる。それが文化として根付いていくのです。

「活動」をきっかけに、「運動」を広げる

企業は利益を生みだします。利益が出なければ、企業は存続できません。生みだした利益を人や設備に投資して、生産を拡大し、企業を成長させていきます。成長して

いる企業は給料が上がり、人も集まってきます。

これとは対照的に、非営利団体は、その名の通り営利を求めるわけではありません。

それでは、非営利団体は何を生みだすのでしょうか。

それは、運動です。

目的に合致した活動を通して、運動を広げていく。運動が広がれば、その団体の目的に賛同してくれる人が現れて会員が増えていく、という流れが生まれます。

企業が生むのは利益。非営利団体が生むのは運動。これが大きな違いだと思います。


非営利団体にとって、会員の獲得は大きな成果の一つです。しかし、その先があるのです。新しい会員にも、運動を広げる側になってもらわなければなりません。一つ一つの事業やイベントを活性化させて、もっと楽しいものにして、団体を盛り上げていくことが大切です。


ここで、区別しておくべき言葉があります。それは「運動」と「活動」です。

その団体の理念を広げて行くことが「運動」。言い換えるならば、その団体の目的を実現するために、賛同者を増やしていくのが「運動」。

目的を達成するために、フォーラムや研究会を開いたり、定例会や会議を開いたりといったことは、運動を加速させるための「活動」です。

たとえると、水面に石を落とすと広がっていく波紋です。中心に石を落とすのが活動、波紋が広がっていくのが運動というわけです。

経済団体なら、イベントやお祭りを開いているケースが多いでしょう。これらは「活動」です。商店街でお祭りを開けば、団体のメンバー以外の人たちが大勢集まってくるでしょう。子ども向けの出し物があれば、家族連れで賑わいます。そうした場面で理念にあった内容を提供してゆくことで一つ一つの活動が運動を広げていくきっかけになるのです。

どの団体にも理念があって、存在意義があります。しかし、活動しているだけでは、広がりが生まれません。新たなメンバーが集まってこないのです。

一つ一つの活動をきっかけにして、運動を広げていくからこそ、共感してくれる仲間が増えていく。これは経済団体もボーイスカウトも少年野球も同じです。

全国規模の団体では、年に1回、全国大会を開くことがあるでしょう。そのとき、会場の誘致合戦が繰り広げられることがあります。というのも、地元への経済効果が大きいからです。団体によっては、数千人規模の人たちがその地に集まり、経済効果が億単位になることも珍しくありません。

こうした全国大会のときだけ、その開催地の地方組織の会員が増えるというのはよくあることです。既存の人数だけでは数千人規模のイベントを運営しきれず、そのときだけ兎にも角にも会員を増やすからです。

ところが、全国大会が終わると、潮が引くように会員が減っていきます。大会を運営するためだけに集めて、やりきった充実感を得て満足してしまい、本来の会の主旨が歪められ大会の成功がゴールに向けられてしまった結果です。

全国大会は確かに大きな活動の一つです。しかし、そのときのためだけに会員を集めても、会としてしっかりとした運動を展開しないかぎり広がっていきません。単なるイベント屋になっては意味がないのです。

一つ一つの活動をいかに運動につなげていくか。

これが会員を増やすことにつながっていくのです。

エッセンス２

目標設定

～いつまでに何人集めるのか、目標を明確にする～

目標には達成の期限をつける

人が集まる団体づくりのためのエッセンス、２つ目は目標をいつまでに達成するのかを具体的に決めることです。

いつまでに、何人集めるのか？

あなたが所属している団体は、こうした人集めの目標を明確にしているでしょうか。

「このままでは減りつづけてしまう……」

「メンバーを増やさなければ……」

そんな危機意識を共有はしていても、明確な目標を設定していないケースはよくあるのではないでしょうか。

私の経験上、「何人集める」と目標を明確に打ち出している団体はそう多くはありません。

私が所属していた青年会議所（ＪＣ）には、40歳までという年齢制限があります。ということは、毎年卒業する会員がいるわけです。

地域の経済団体や産業団体には「青年部」を設けていることがあります。こうした組織にも「所属は50歳まで」といった年齢制限があります。50歳が青年かどうかはさておき、毎年のように卒業するメンバーがいるわけです。

大学のサークルなら、３年生の終わりには引退するケースが多いでしょう。

こうした年齢制限のある団体の場合、単純に卒業や引退する人数分だけ、新たなメンバーを入れなければ、衰退するのは明らかです。

一方で、年齢制限のない団体はどうでしょうか。

どれくらい会員を集めればいいか把握しにくい面があります。だからこそかえって、気づかぬうちに高齢化が進み、組織が衰退していきかねません。

いつまでに、何人集めなければならないのか？　人集めの目標を明確にしてこそ、具体的な行動に移せるのです。

そのためにやるべきことをこれからお伝えしていきます。

表を作成して、未来を予測する

私は、会員数の現状把握と未来予測のために、表をつくるようにしています。今はパソコンの表計算ソフトで簡単につくれるようになりました。

たとえばＪＣの場合、61ページの表１のような年代別のメンバー表をつくり、それぞれの人数や卒業予定の年などをプロットしていきます。そうすれば、団体の人数の推移が予測できるというわけです。

40歳になると卒業のＪＣの場合、この表でいえば最年長である１９７８年生まれの40歳が来年度、全員いなくなります。つまり、１９８０年、１９８１年生まれともに来年は手薄になるな……となるわけです。

どの年代が少ないのかが浮き彫りになるため、「この代がごそっと抜けているぞ。これは増やさないとまずい」と、全員がどの年代の会員を強化しなくてはいけないか、一目でわかるようになります。

私は、世田谷法人会青年部会を74人から124人へ増やしたときも、会員の状況をすべて、こうした表にプロットしていきました。すると、ごそっと空いている年代が幾つかあり、とくに顕著だったのが、30代後半でした。そこで、30代後半の人に重点的に声をかけて入会を誘ったのです。

現状を把握すれば、人集めの課題が浮き彫りになり、重点的に攻めるべきターゲットをあぶり出すことができるため、「来年までに○代後半を○人集める」と、目標が明確になります。

さらに、会員に「なぜ、これだけの人数を集めなければならないか？」ということを説明しやすく、納得してもらいやすくなります。

ただなんとなく「人を集めてください」と会員に周知しても、「そんなの無理だよ」「なんで自分がやらなきゃならないの？」と受け取られてしまうこともあるでしょう。しかし、現状と課題を明らかにすれば、文句の言いようがありません。

ぜひ、あなたの団体のメンバーの現状もこうしたメンバー表で一度あぶりだし、目標をプロットしてみてください。

【表1】会員数の現状把握と未来予測を一枚の表で“見える化”する

生年	1978	1979	1980	1981	1982	1983	1984	1985	1986	1987
年齢	40	39	38	37	36	35	34	33	32	31
1	川本達夫	上岡竜太	森　忠彦	岸田　清	川田一臣	横田建夫	友田　聡	鎌田一太郎	金本　清	加地雅登
2	山田四郎	伊藤　一	守口一成	藤原康平	松下智樹	古溝幸三	乾　孝雄	友田　潔	本間陽太郎	与那嶺茂
3	柳ただし	西村洋一			柴田和夫	金城あかね	加川真治	青木　洋		鈴木紘一
4		石毛康夫			小柴雄一	小島正一	田畑明宏	山本良子		石黒　泰
5		渡辺博一			加瀬　亘	小田原正信		加藤純一		滝端小太郎
6		山田　渉			小杉洋一	池田幹夫				堀田　勝
7		横田茂雄			井上和子	堀田　聡				
8					倉島秀則					
9										
10										
年当初合計	3	7	2	2	8	7	4	5	2	6
本年入会			森田聡子			山田信人				増田　彬
本年入会	0	0	1	0	0	1	0	0	0	1
目標5名	-2	2	-2	-3	3	3	-1	0	-3	2

生年	1988	1989	1990	1991	1992	1993	1994	1995	1996	1997
年齢	30	29	28	27	26	25	24	22	21	20
1	山田洋一	平田　隆	田山浩一郎	横堀美穂	福田義男	神田紀夫		錦戸和夫	片岡敬之	川島大樹
2	江口　久	宮原克己	桜庭　敦	坂下　晋	安田英明	九条康彦				木村健一
3	保坂直人		平　新次郎			岩田紀夫				
4	青木博美		新田洋一			松坂浩一郎				
5	浅野拓海		渡辺照正							
6	重森庄司									
7	山里紘一									
8	栗田博之									
9										
10										
年当初合計	8	2	5	2	2	4	0	1	1	2
		山田　光					水野正彦		三宅敦彦	
							加藤敏正		岡田真一	
本年入会										
本年入会	0	1	0	0	0	0	2	0	2	0
目標5名	3	-2	0	-3	-3	-1	-3	-4	-2	-3

年頭初合計	73
本年入会	8
目標まで	-1

同年代各5名の会員数が目標のため **目標総会員数 100**

数値目標を声に出しつづける

現状を把握した。目標も設定した。会長が年頭の挨拶で「今年の目標は50人集めることです」とぶち上げた。

それだけで会員は集まるでしょうか？　残念ながら、人が集まる可能性は低いと言わざるをえません。

あなたは、自分が所属している団体の代表による今年の年頭挨拶の内容を覚えていますか？　よほどインパクトのある内容でなければ、多分、おぼえていないでしょう。年に1回の挨拶のことなんて、誰も記憶にとどめません。

目標を設定しただけでは、人は増えないのです。行動に移さなければ何も始まりません。

それではどうすればいいのでしょうか？

簡単です。会の集まりのたびに、トップが毎回、繰り返し言いつづけるのです。

「今年は50人集めるぞ」と。

それこそ洗脳です。トップが熱を保ちつづけないと、メンバーは冷めてしまいます。「50人集めるぞ」「あと45人だぞ」と、口癖のように、繰り返し言いつづけなければなりません。そうしないと、メンバーの記憶に残りません。意識も変わりません。

団体の執行部に関わっている人なら、人を増やすことを多少は意識しているかもしれません。しかし、一般の会員は自分が人を集めようなどとはあまり考えないものです。

そのため、一度言われたくらいでは、何も変わらないのが普通です。それが具体的な数値を毎回伝えて行けば、だんだん気になってくるもので、「一人くらいは声をかけようか」と行動に移すメンバーが現れ始めます。メンバーが鼓舞するよう機会を捉えて伝えていかなければなりません。今いるメンバーがその気になれば「チャンスがあれば声をかけよう」という意識に変わり始めます。


団体のリーダーは、最も温度を高く、やるべきことをメンバーに伝えなければなりません。伝える言葉や方法は、その都度変える必要はなく、シンプルにストレートな言葉でいいのです。ただし、温度は常に高く保ち、真剣に伝えることは欠かせません。

それなしに、一人ひとりの会員に「自分も人を増やさなければ」という意識を持ってもらうことはできないのです。

「活動の縮小」「会費値上げ」よりも会員増強が先

非営利団体の収入は、大きく分けて2つあります。1つは会費収入、もう一つは寄付や募金、協賛などによる収入です。

著名な国際ボランティア団体には巨額の寄付が集まりますが、多くの非営利団体はそうではありません。地域の経済団体も少年スポーツチームもＰＴＡも、ほとんどが会費収入で成り立っています。

たとえば、年会費が一人1万円で、会員が50人いれば、会費収入は年50万円。入会金があれば、これにプラスされます。ほかにも前年度繰越金などがあるでしょう。こうしたことから年度の予算を組むはずです。

多くの非営利団体で収入に直結するのが、会員の数。これが企業とは大きく異なる点です。

企業は、モノやサービスを提供して、その見返りに利益を得ます。社員数が多ければ多いほど利益が大きいというわけではありません。むしろ、社員数が少ない方が人件費を抑えられて、利益が増えます。

逆に、会費で成り立つ非営利団体は、人が増えれば増えるほど予算も増えるのです。予算が増えれば、活動も活発になります。

多くの団体は4月から6月くらいに総会が開かれて、年度予算を審議することになります。そのとき、最終的には全員が予算に賛成することでしょう。

この年度予算に含まれているのが、新会員の入会金や会費。新しい会員を入れることを前提にして予算を組んでいるからです。

もし、100人会員を増やすことを想定した予算案だったらどうでしょうか。

あなたがその予算案に賛成した場合は、100人増やすことに同意したことを意味します。つまり、「私も新規会員を100人集める一助となります」という同意をしたということです。
予算案が通過したのなら、道は1つしかありません。全員で力を合わせて100人集めるのです。

もし、会員の減少に伴なって会費収入が減っていくのを食い止められなければどうなるでしょうか？　この場合の選択肢は2つあります。

1つは会費の値上げです。
会員が減っても予算総額を変えないならば、1人当たりの負担を増やすしかありません。しかし、会費がアップすると、当然、新規会員入会へのハードルは高まり、会員を集めるのが難しくなります。すると、「会費を上げる→会員が減る」という負のスパイラルに陥ってしまいます。

2つ目は、予算規模を縮小して活動内容も縮小することです。
団体の目的を変えるわけにはいきませんが、限られた予算の中で、事業内容を変えるしかありません。活動内容を縮小すると、団体がますます縮こまって、活力を失います。活力のない団体に、人は集まってきません。

どちらにしても、新規で人を集めることが難しくなることに変わりはありません。会費の値上げや事業の縮小を防ぐためには、会員を集めるしかありません。

エッセンス３

会員増強

～「また行きたい」という仕掛け、きっかけづくり～

声かけは具体的じゃないと効果なし

人が集まる団体をつくるためのエッセンス、３つ目は、いよいよ会員を集めるための具体的な施策です。

といっても、起死回生の驚くような施策はありません。まずやるべきことは、地道に、今いるメンバーを活かす作業です。

たとえば、２０１３年、私が世田谷法人会の青年部会長になったときのことです。当時、所属メンバーは74人で、会合に集まるのは10人程度という状態でした。私は突然部会長に就任することになったので、ほとんどの会員を知りませんでした。そこで、主要なメンバーに「この人は知っている？」「この人に会ったことがある人はいる？」と、所属している会員に接点がないかを調べました。そこで、少しでもターゲットと接点があるメンバーがいれば、会える機会を作ってもらったり連絡してもらうようにしたのです。

新規で会員獲得をすることはもちろんなのですが、既に所属しているメンバーを活かすことは新規獲得への近道なのです。

一人でゼロから新規獲得を考えてゆくより、会が活性化して面白くなってくれれば仲間を広げてゆく動機に繋がって行くからです。まずは既に所属しているメンバーを名前だけにしないこと、スリープメンバーにしないことはとても重要です。

あるときは、中華料理店の店主さんであるメンバーのところに、3人のメンバーと食事に出向いたこともありました。

「あなたが○○さんですか。私はこんど、世田谷法人会の青年部会長になりました古谷といいます。このお店、部会のあとの懇親会でぜひ使わせてください」とお話ししました。そして、「来月、○月○日はご都合いかがですか？　久しぶりに、部会に出席してみませんか？」とお誘いしました。

ここまで具体的にお誘いすると、たいていの方は予定が大丈夫ならば「では次回、伺わせていただきます」となるわけです。「なんだ、このなれなれしいおっさんは。でも、面白そうだな」とでも思ってもらえれば、私の勝ち。この店主さんには青年部会に出席してもらって、部会のあとの懇親会でお店を貸しきりで使わせてもらいました。もちろん、ほかの団体の懇親会もそのお店を貸しきりにして懇親会をやらせてもらったりするなど、その後の配慮も欠かさずおこなっています。

具体的な約束がもらえるまで「詰める」

２０１８年3月30日に、東京商工会議所世田谷支部青年部が設立されました。立ち上げをまかされた当初は、いろいろと食い違いなどもあり準備が頓挫していました。ようやく前に進んだのは年が明けた２０１８年１月。規則などの準備や、設立式典の準備に忙殺され、会員の獲得のためにようやく時間が裂けるようになったのは2月半ば。会長からは50名を目標に設立して欲しいと言われていました。

準備の段階で協力してくれていた仲間は10名程度。まずは自分の友人、知人、後輩などからめぼしい人のピックアップをはじめ、親会（青年部に対して、年齢制限のない全体の会のこと）から紹介された人たちをまとめてリストを作成し、１ヵ月半で50名の仲間を勧誘することができました。

時間がなかったこともあり、既に親しい人の場合は顔を合わせる様々な場面で説明し、その場で入会の書類を渡して即決してもらい、申込書に記入をしてもらいました。普通ならば「考えておいて」と申込書を持ち帰ってもらうパターンが多いと思いますが、その場合、入会する確率は限りなく低くなるでしょう。大事なのは「その場で即決」してもらうことです。入会申込書はその場で書いてもらって、あなたが持ち帰るのです。

私は具体的な返事を相手にもらうまで確認する作業を「詰める」と言っています。「書類はこれです。今、入会できますか」「ぜひ一度会合に来てください。○月○日、会場は○○です。その日は大丈夫ですか？　5分だけでも顔を出せませんか？」など、その場で返事をもらう、約束をしてもらうのです。

「気が向いたらどうぞ」「いつか来てくださいね」とやっていては、いつまでたっても会員は増えません。勧誘の際には、将棋と同じく、決定打となる一手が必要です。

親しいあいだ柄ならば、ほんとうに難しい場合は、その場で遠慮なく断ってきます。

その場合は、即、次のターゲットに当たればいいだけです。

面識のない人には「一度、遊びに来ませんか？　良さそうならば入ればいいですから」と電話で声をかけました。普通ならば、返事が来るのを待つのでしょうが、その場合もやはり、よっぽどやる気のある人でなければ、自分から入会意思を伝えてくることはありません。勧誘のあとにも、「詰める」作業が必要です。

私は連絡した勧誘リストを作成し、事務局に渡して、連絡のあとに申込書が届いたかをチェックしてもらいました。そうした速報を毎日、メールで送ってもらい、申込書が出ていなければ、再度メールや電話をしました。

そこまで「詰める」作業をやって、初めて会員獲得の行動を起こした、といえるのです。ここまでやっても「会員が増えなかった」という団体を私は知りません。

もちろん、これらの作業は自分一人でやらなくても、担当者（担当する副会長や委員長など）や事務局にもお任せすれば良いと思います。

「詰める」ことは、確実に会員を増やすことにつながります。

初めて参加した人には「きっかけ」をお土産にする

「声をかけたらきてくれたけど、一回会合を見に来ただけで来なくなってしまった」

そうしたケースは、どこの団体にもよくあるのではないでしょうか。もしくは、入会はしたけど一度参加したきりで、そのあとまったく顔を出さない……という話もよく聞きます。

しかし、その理由を分析して二度とそういうことが起きないように対策を立てている、という団体はほとんどありません。

一方で、一度参加した人は必ず入会に至る、という団体も実際にあります。この2つの団体の違いは一体なんでしょうか？

自分だったら、と考えれば答えは簡単です。要は、楽しかったか、楽しくなかったかという違いです。

あなたがある団体から声をかけられて、会合に参加したとします。

会場に入ると、誰かが案内をしてくれるわけでもなく、知り合いもいません。どこに座っていいかもわからない。取りあえずいちばん後ろの端にすわってみたけれど、誰にも声をかけられることもなく、よくわからない話し合いがされていて、聞いていてもよくわからない――どうですか？　また行きたいと思うでしょうか。

これはほんとうによくあることで、誘っておきながら、来た人にフォローも何もないのです。これでは、新しく人が入らないのも無理ありません。

よっぽど社交的な人じゃないかぎり、よく知らない人が集まる、よく知らない場所へ行くときには不安になるものです。その不安が的中したら、こんどは不快感さえ抱きます。「せっかく行ったのに、時間の無駄だった。もう二度と行くか」となるわけです。

大人だから放っておいていいだろう、というのは無責任です。誰もが社交的で積極性があるとは限りません。誘われて行ったのに、ポツンと放置されてしまって、誰にも話しかけられなかったら、二度と足を運ぶ気にはなりません。

私は声をかけた人が参加してきてくれたとき、隣にすわって、今何が話し合われているのか、何が問題になっているのかを説明しながら、団体に対する理解を深めてもらえるようにしています。私が会長職などで対応できないときには、会員の担当者にお願いして対応してもらいます。

会合のあとに会食があるときにも極力近くにすわり、メンバーに紹介したり、共通の話題を提供しながら、他のメンバーとの距離を縮めるように場をつくります。

他のメンバーの会社のそばに住んでいる、同じ学校の出身だった、共通の趣味があるなど、他のメンバーと会話ができる〝ちいさいきっかけ〟が生まれればしめたものです。私以外のメンバーと楽しそうに話をしていれば問題はなく、席を移動します。

なぜそこまでするのかというと、私自身、若いころは非常に人見知りで話下手だったからです。今では「とてもそうは見えない」と言われますが、実は、誰よりも新しい人、新しい場所が苦手だった人間です。そのため、新しく来てくれた人に対しては「勇気を出して、よくぞ来てくれた」という感謝の気持ちがありますから、最速でなじんでもらえるように、できるかぎりの配慮をしています。

お開きになったあとには、「今日は参加していただきありがとうございます」というお礼のメールを必ずします。そして、「次回は○月○日にありますが、都合は大丈夫ですか」と「詰める」ことも忘れません。

人は歓迎される場所には、「また来ようかな」と思うものです。たくさんの人と新しく知り合えた、楽しかった――会員獲得で私が大切だと思うのは、こうした「きっかけ」です。小さくても、そんなきっかけさえあれば、次も参加してくれるのです。

子どもたちを集めるのも同じことです。

例えば、春に開く少年野球チームの体験会で、低学年の子どもたちには、ボールと触れ合う楽しさを味わってもらいます。コーチが下からゆっくりしたボールを投げて、子どもたちに取らせてみる。子どもが取ったら、「わっ！　上手だね！　おじさん、びっくりしたよ！」とほめまくる。「今度はおじさんに投げてみて！」といえば、子どももうれしくなって、上手に投げようという気になります。帰りに「次の日曜日もまたおいで」と声をかければ、たいてい次回も参加してくれます。親御さんも、子どもがうれしそうに「楽しかった！　また行きたい！」と言えば、それをかなえてあげたいと思うものです。そうやってメンバーを増やしていくのです。

小さなきっかけをどんどんつくって、巻きこんでいく。この渦を大きくして、拡大スパイラルを起こしていくのです。

新メンバーには小さな役割を振る

ある団体に入会したら、初めのうちはお客さん扱いされるだろうなと、予想できますね。しかし、2回目に参加しても、やはりとくにやることもなく、ただわからなくて長い話を聞いているだけで意見を求められることもない。

そうなると、徐々に居心地が悪くなってきます。

「自分がいても、いなくても一緒だな……」と思えてきて、3回目には足を向けるモチベーションを失うでしょう。

「求められている感じがしない」「やることがない」。そうなると、仕事と一緒で、やる気を失ってしまいます。

私は、新しく入った人には、必ず、ちょっとした役割をお願いするようにしています。

「10分だけでいいので、イベント準備の運搬を手伝ってくれませんか？」

「この資料を読み上げる担当をお願いできますか？」

「子ども達を並ばせる担当をお願いできますか？」

「ゴルフのとき、朝の集合の挨拶をやってくれますか？」

いえいえ無理です、何もできません！　と言う人には、

「顔を出して、一緒に飲むだけでいいです」と頼みます。

ちょっとした小さなことでも、やるべきことがあれば、その場に来る理由が生まれて、参加しやすくなるものです。人は、求められれば参加します。それが準備もとくに必要がなくて、短時間で済むものならば、なおさら気がラクです。

「あなたに手伝ってもらって、助かりました」

会合が終わったあと、そう声をかけられたら、また来ようという気になると思います。そうやって、新しい人をどんどん巻きこんでいくのです。

慣れてきたら、役割を大きくする

少し慣れてきたら、会合の司会をお願いするのも手です。

「そうはいっても、司会なんてやりたくない人がいるのでは？」と依頼するのをちゅ

うちょするかもしれません。大丈夫です、やりたくない人は嫌だと言います。まんざらでもなさそうなら頼めばいいのです。もちろん、台本を作って渡します。

あるいは、司会では荷が重過ぎるなら、受付でも構いません。受付ならば、メンバー全員と挨拶を交わす、いいきっかけにもなります。

とはいえ、団体によって司会は誰、開会宣言は誰、と決まっていることもあるでしょう。たとえば、ＪＣは式しだいがしっかりしています。宣言や司会はどんな役職者がやるかといったことが、細かく決められているのです。

しかし、明確な理由があるなら別ですが、なぜ委員長じゃないといけないのか、なぜ副委員長しかやらないのかと問いかけても、たいていの場合、誰も答えられません。たんに「慣習だから」「毎年の恒例だから」という理由しかないならば、どんどん新メンバーにまかせていきましょう。

私は毎月のＪＣの委員会で、開会宣言は新メンバー、閉会宣言は卒業年度の人に依頼をしました。卒業年度の人には、会議の講評をかねて、挨拶をしてもらいました。

変更することが難しいなら、新しい役割をつくって、それを振るのも一手です。懇親会の幹事、２次会の取りまとめ、集金係、カメラマンなどなど……いくらでもつくれるものです。それをどんどん振って、役割を与えて巻きこんでいきます。

いろんな団体でこうした小さな役割づくりを進めたところ、どの団体でも、会員の出席率が軒並み上昇しました。入会してもフェイドアウトしてしまう人がどの団体にもいると思いますが、そうした人たちをつなぎ止める手段としても効果的です。

デジタル時代だから「手書き」が響く

私は32歳の時、東京ＪＣの世田谷区委員長に就任しました。当時は会合の出席率が低いのが課題でした。私は稼働率を上げようと、ある策を取り入れました。すると、稼働率が急上昇しました。私が引き受けたころは、会合に30人くらいしか出席していませんでしたが、それが２倍の60人くらいになったのです。会議室に入りきらず、立ち見が出たほどです。

どうやって出席率を上げたのかというと、手書きのはがきを出したのです。

「時下ますます……今年最大の事業を実施するので、ぜひ協力してください」

「あと10人で定員が埋まるから一人お連れ下さい」

「会場でお会いできることを楽しみにしています」

そういった内容で、当時1枚1枚、ざっと100枚は書いたと思います。しかも、会合の前に、2回くらい出したでしょうか。さすがに手が痛くなりましたが、その効果のほどは、前述の通りです。


今でも、たまに手書きで思いを文章にして送ります。デジタル時代だからこそ、ここぞというときには、肉筆でしたためられたはがきが人の心に響くのです。

最近ではめったにもらわない、手書きのはがきをもらったら、たいていの人はうれしいはずです。「最近、集まりに行っていないのは申し訳ないな」「さすがに次は顔を出してみるか」という気にもなりやすくなります。

だんだん人数が多くなり毎回の負担が限界になったため、近年はA4用紙に手書きで文章を書いて、それを人数分コピー。文頭に同じペンでメンバーの名前を一人ずつ手書きして、手書き風にして送ったこともあります。

ここぞというときは手書きの文章で思いを伝えてみてください。その上で、ダメ押しのメールを発信したり、電話をしたりする——このダブル使いがおすすめです。
今は、フェイスブックやツイッター、LINEなど、メッセージを発信するデジタルツールがたくさんあります。日常的な連絡ツールとしては、これらを使わない手はありません。ここぞというときは手書き、通常はデジタルと、うまく使い分けてください。

団体の第一印象はホームページで決まる

ある会社やお店を調べるとき、今は誰もが、まずはインターネットで調べます。何かの団体に誘われたときも同じように、その団体のホームページを探します。つまり、ホームページは団体の顔であり、第一印象をつくるもの。団体の広報ツールとして、どんな情報を載せるのかは極めて重要です。

ところが、そこをおろそかにしている団体が少なくありません。
ある団体の会長がブログを立ち上げたというので、そこにアクセスしてみると……

カツ丼の写真がドンとアップされていたことがありました。そこには「今日、会員の〇〇君とカツ丼を食べて来ました！」というコメントが添えられていました。

有名な芸能人なら、どこで何を食べたか知りたいというファンもいるでしょう。しかし、団体の会長のランチに興味のある人が、一体どれだけいるでしょうか。これでは、せっかくの広報ツールが台無しです。

ホームページや会長ブログにアクセスする人は、何が知りたいのでしょうか。その団体にはどんな人がいて、どんなことを考えていて、どんな活動をやっているかでしょう。それが、仲間になるかどうかの、重要な材料になるわけです。

「今日は総会を開きました」と、会議の全体風景の写真。「〇〇市長と会って、地域振興について話しました」と、リーダーが市長と会談している写真。「商店街でイベントを開きました」とメンバーが汗をかいて働いている写真。

こうした内容があれば、アクセスした人はその団体がどのような活動をしているのか、どんな雰囲気なのかを大まかに把握できます。

その会合に初めて誘われたとしたら、様子がまったくわからないよりも、どんな人たちがどんな部屋に集まっているのか想像がつくだけで、参加しやすくなります。

少年野球や少年サッカーのチームも同じです。

地元のチームを探している保護者は、口コミだけでなく、インターネットで検索してみるはずです。そのとき、ホームページがあるのとないのとでは大違いです。子どもたちが楽しそうにプレーをしている姿がたくさんアップされている方が、興味がわく上、わが子が参加したときのイメージもつかみやすくなります。

私は、前述の少年野球チームの運営に関わるようになったとき、予算を付けて、アカウントを取り、公式ホームページを開設しました。

ついでに、そのホームページには出欠ボードも設けました。子どもの出欠をデジタルで共有できるようにしたのです。こういった便利なツールがあることも、保護者にとっては安心材料になります。

私が関係している団体のほとんどは、フェイスブックを中心に情報を発信しています。行事や会議があれば、その都度写真を撮って簡単な説明を添えています。団体の活動内容が、初めて見る人にも伝わりやすくなるように工夫をしています。極力その場でアップすることを心がけています。

ホームページをつくったときには、更新の頻度も大切です。

ホームページはあるけれど、最後に更新されたのが半年も前……というケースは多いものです。それでは、活動的で元気な団体のイメージを持ってもらうことはできません。「ほんとうに活動をしているのかな…?」と初めて見る人は不安になります。

形ばかりのツールにならないように、常に新鮮な情報をアップできるよう、ホームページやフェイスブックを更新する担当者を置くことをおすすめします。

カードは物理的な仕掛けの一つ

「私は『スフィーダ世田谷ＦＣ』という女子サッカーチームの理事長を務めています。トップチームは『なでしこリーグ』に加盟しているんですよ」

私が初めて会った人と、そんな話題になったとします。

「あとで、ネットで見てみてください」

と私に言われたら、相手の人はその場では見ようと思うはずです。スポーツに興味がある人なら、必ず「あとで検索しよう」という気になるでしょう。

ところが、家に帰ったら、たいてい、チーム名を忘れてしまうものです。

「なんだっけ、確か女子サッカーだったけど、チーム名を思い出せない」と。

「女子サッカー　世田谷」で検索してくれればヒットしますが、そんな話題があったことすら忘れてしまうことも多いものです。そうなると、ネットで検索すらしません。

そうした事態の予防のために、私は「スフィーダ世田谷ＦＣ」の名刺サイズのカードをいつも持ち歩いています（次ページ上写真）。

「理事長をやっています。ぜひホームページにアクセスしてみてください」

と、このカードを相手に渡すのです。そうすれば、相手はまず間違いなくアクセスしてくれます。たとえサッカーに興味がなくてもです。このカードは、ホームページへのアクセス数を格段に引き上げてくれました。

もし、その人の会社の同僚の娘さんがサッカーをやっていれば、「なでしこの『スフィーダ世田谷』ってチームの理事長に会ったよ」という話題になって、カードを見せてくれるでしょう。

名刺サイズのカードは有効な広報ツールになる

理事長を務めている女子サッカーチーム「スフィーダ世田谷 FC」の PR カード（上写真右）。名刺サイズで携帯しやすく、挨拶のついでに渡しやすいサイズ。裏側（左）には QR コードを入れ、SNS へスピーディーにアクセスしてもらえるように配慮。興味を持った瞬間に即行動に移してもらえるよう、レールを敷いておく。

「誰かサッカーが好きな人がいたら、紹介してください」と言わなくても、自然と応援してくれる仲間を増やせることにつながるわけです。

私はこのチームに限らず、さまざまな団体で似たような仕掛けをつくっています。カードだけでなく、チラシをつくることもあります。

世田谷法人会青年部会では、青年部会のオリジナル名刺を作成しました。

表は通常の法人会の役職者の名刺ですが、その裏に、各地区のエリアがわかる地図を入れたのです（左ページ写真）。世田谷区内には世田谷と北沢、玉川の３つの法人会がありますが、私が所属している世田谷法人会のエリアを、一目でわかるようにしました。

また、会員を募集していること、個人でも入会できることと合わせて、法人会の目的も明記しました。

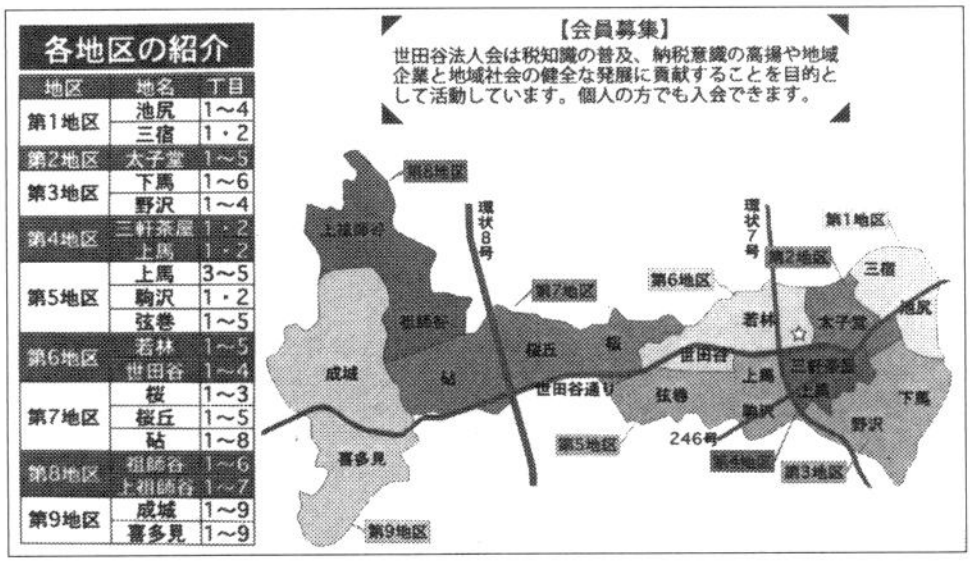

世田谷法人会の名刺の裏は、理念と各地区の紹介をプリント。名刺は自分の名前だけでなく、団体を効果的に広報するためのツールにする。

受け取った人が、法人会とはどんな団体であるのかが、この小さなカード一枚でイメージしてもらえるようにつくったのです。

会社で使う名刺は、営業のためのツールです。対して、非営利団体の名刺の役割は団体をよく知ってもらうための広報ツールとして役立つかどうかが大切です。

自分の名前よりも、団体のメッセージが明確に伝わる名刺になっているかどうか？　を改めて見直すことをおすすめします。

エッセンス4

運営改革

～機能と役割がフィットしていれば組織は動く～

組織の老化を防ぐ

人が集まる団体づくりで必要なエッセンス、4つ目は運営改革です。人が集まらない、でも団体の在り方はそのまま……では、自然消滅は必然です。魅力的で活き活きとした団体に生まれ変わるために、私がこれまでにおこなってきた改革内容について、これからお伝えしてきます。

放っておくと、組織は老いていきます。
その理由は主に、次の2つです。

1つは、人が入れ替わらないこと。
会長がずっと変わらない、執行部のメンバーが同じような顔触れ。こうした団体は、コアメンバーの年齢が上がっていく一方となるため、あっというまに老いていきます。「いやうちの団体は老いていない！」と思ったとしたら、最近の2、3カ月で新しいメンバーの入会はあったでしょうか？

最近のイベントや事業が、前例を踏襲しただけのものではなかったでしょうか？

会議は、資料を読み上げるだけの、報告の場になってはいないでしょうか？　また、報告する人はいつも同じではないでしょうか？

会合のあとの会食の会場や顔触れが、毎回同じではないでしょうか？

思い当たるポイントがあったとしたら、組織の若返りを図る必要があります。組織が老化するほど、事業はマンネリ化し、新しいメンバーも入りづらくなります。


大学のサークルやＪＣ、経済団体の青年部などは、組織の老化が起こりにくい仕組みになっています。加入の年数や年齢に制限があり、誰もが卒業や引退を迎えるため、自動的に新陳代謝されるからです。

卒業・引退のない団体の場合は、意図的に新陳代謝していかなければなりません。


会長や理事長などには任期が設定されているケースがほとんどでしょう。その場合は、就任したその日から、退任に向けたカウントダウンが始まるため、後任の人事に

食べる投資

満尾 正／

最新の栄養学に基づく食事で、ストレスに負けない精神力、冴えわたる思考力、不詞
痛み、病気と無縁の健康な体という最高のリターンを得る方法。ハーバードで栄養
を研究し、日本初のアンチエイジング専門クリニックを開設した医師が送る食事術

◆対象：日々の生活や仕事のパフォーマンスを上げたい人

ISBN978-4-86643-062-1 四六判・並製本・200 頁　本体 1350 円 + 税

超・達成思考

青木仁志／

成功者が続出！ 倒産寸前から一年で経常利益が 5 倍に。一億円の借金を、家事と育
を両立しながら完済。これまで 40 万人を研修してきたトップトレーナーによる、28
年間続く日本一の目標達成講座のエッセンスを大公開。

◆対象：仕事、人間関係、お金など悩みがあり、人生をより良くしたい人

ISBN978-4-86643-063-8　四六判・並製本・168 頁　本体 1350 円 + 税

産科医が教える

赤ちゃんのための妊婦食

宗田哲男／

妊娠準備期から妊娠期、産後、育児期の正しい栄養がわかる一冊。命の誕生のとき、
人間の体にとって本当に必要な栄養とは何か？　科学的な根拠を元に、世界で初
て「胎児のエネルギーはケトン体」ということを発見した、産科医が教える。

◆対象：妊娠中の人、妊娠を考えている人

ISBN978-4-86643-064-5　A5 判・並製本・312 頁　本体 1600 円 + 税

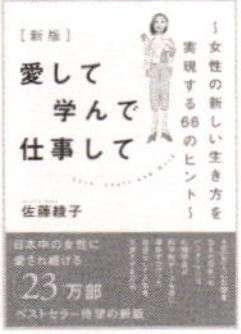

新版　愛して学んで仕事して
〜女性の新しい生き方を実現する 66 のヒント〜

佐藤綾子／

400 万人に影響を与えた日本一のパフォーマンス心理学者が科学的データを基に
身でつづった、自分らしく人生を充実させる 66 の方法。

◆対象：生活・仕事をもっと効率化したい人

ISBN978-4-86643-058-4　四六判・並製本・224 頁　本体 1,300 円＋税

人生 100 年時代の稼ぎ方

勝間和代、久保明彦、和田裕美／

人生 100 年時代の中で、力強く稼ぎ続けるために必要な知識と概念、思考につい
３人の稼ぐプロフェッショナルが語る一冊。お金と仕事の不安から無縁になる、
代に負けずに稼ぎ続けるための人生戦略がわかります。

◆対象：仕事・お金・老後に不安がある人、よりよい働き方を模索する人

ISBN978-4-86643-050-8　四六判・並製本・204 頁　本体 1,350 円＋税

グラッサー博士の選択理論　全米ベストセラー

〜幸せな人間関係を築くために〜

ウイリアム・グラッサー／
柿谷正期／訳

「すべての感情と行動は自らが選び取っている！」
人間関係のメカニズムを解明し、上質な人生を築くためのナビゲーター。

◆対象：良質な人間関係を構築し、人生を前向きに生きていきたい人

ISBN978-4-902222-03-6　四六判・上製本・578 頁　本体 3,800 円＋税

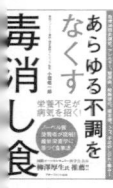

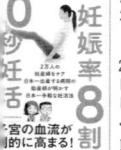

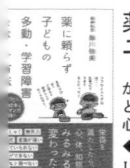

ついて常に考えておく必要があります。
　後任が見つからないとき、2期、3期と続けてしまう人がいます。周囲から乞われてしぶしぶ……というケースもあるとは思いますが、前述の通り、組織の新陳代謝を考えたときには望ましいことではありません。そうならないためにも、就任中には、意識的に後任の人材を育てることが大切です。

　老化するもう一つのわけは、組織が機能不全に陥っているということがあります。団体の執行役員やリーダーが、過去のやり方にとらわれ過ぎていたり、OBが口出ししたりして、変革を次々に拒否していると、組織が機能しなくなっていきます。

　同じメンバーで変わらない事業やイベントをおこなっていれば、想定の範囲のうちにおこなうことができるので不安がありません。新しいことをやるよりも、ずっとラクです。しかし、そこには新しいものが生まれることはないでしょう。これまでの前例を守り過ぎるゆえに、そこから離れられなくなってきます。そして、組織は麻痺します。

新しいことをやろうとしても受け入れられない。そしてまた前例を踏襲するだけ。それでは、新しいメンバーはモチベーションを失い、熱意を失っていきます。メンバーの自立性が育成されることもなくなります。

変革のために、新しいことに挑戦することは、組織の麻痺を防ぐだけでなく、次世代のリーダーを育成することにもつながります。

もちろん、団体の目的達成から外れる突拍子もない変革は問題外ですが、目標達成のための新鮮な発想や、効率化を図る改革ならば、どんどん取り入れることで、組織の活性化につながります。

会社組織と同じく、非営利団体も、順境は衰退につながります。運営がうまくいっていないときはもちろん、順調に運営しているときでも、常に改善、改革、変革を意識しつづける必要があります。それができているときに「組織が機能している」と言えます。

私は、役職を退いた団体には基本的に口出しはしません。組織は現役の人たちのものだからです。相談されれば答えますが、自分から介入はしません。

年齢制限がある団体は、構成するその年代の若い感性で考え、行動することに意味があるのです。ＯＢはよっぽどのことがない限り口を挟むべきではありません。

組織は機能しないと意味がない。新陳代謝しなければ、老化してしまいます。

古いやり方を一度、捨ててみる

第1章でもお伝えしたように、近年、ボーイスカウトやＪＣといった、老舗団体の多くが会員減少にあえいでいます。

今は、専門性のあるＮＰＯなどが林立している時代。非営利団体で活動しようと思えば、いくらでも選択肢があります。

「それしかなかった」時代から、「ほかにもある」時代に変わったのです。

では、老舗の団体は、新しく誕生した後発の団体と、どう差別化すればよいのでしょうか。今まで通りのことをやっていては、会員は集まりません。

今の時代に合った組織へとリニューアルしなければ、会員は減る一方。これからは生き残っていけないのです。それは、会員獲得に頭を痛めている方ならば、骨身にしみていることと思います。

どんな団体にも、組織の在り方や会議の運営方法などで「かくあるべき」という姿があります。これが積み重なっていくと、古い伝統になっていきます。

目的は時代が変わっても不変。方法は時代に合わせて可変。それなのに、方法が硬直化してしまうのです。

私はそんなときの起死回生の一手として、この古い価値観を一度完全に捨ててみることがあります。

たとえば、ボーイスカウトには長い歴史があります。それこそ、百何十年にも及ぶものです。その歴史の中で「こうあるべき」というものが、強固に出来上がってきました。

ところが、そこに生まれるのは、理想と現実のギャップです。

ボーイスカウトには大切な理念がありますが、現代社会という現実とのギャップが、少しずつ開いていってしまい、それが加盟者を減らす原因にもなることが増えてきました。

たとえば、ボーイスカウトの敬礼や制服について。

ボーイスカウトは、小学校低学年のビーバースカウトから始まり、カブスカウト、ボーイスカウト、ベンチャースカウト、ローバースカウトと年代別のプログラムになっています。

各年代別のプログラムによって、細かな決まりがたくさんあります。それこそ、敬礼の仕方や制服の着方から始まり、キャンプに行けば、テントの張り方の手順が受け継がれています。

そういった決まりの多さが、今の子たちをボーイスカウトから遠ざけているのかもしれない——あるとき、そう感じた私は、一度、そういうのをすべて捨て、「寝られればいい」「敬礼なんてできなくていい」と、できていなくてもスカウトたちをほったらかしにしてみました。

当然、伝統あるボーイスカウトでは、とんでもないこと、ほんとうはやってはいけないことです。

私は、地域のわんぱく相撲大会に、ローバースカウト（大学生年代）のメンバー7～8人をお手伝いに出したときに、「伝統を捨ててみる」ことを試してみました。

お手伝いのメンバーは、地域の幾つかの団のボーイスカウト（中学生）と、私の団に大学のクラブとして入ったばかりの大学生の混成部隊。ほんとうならば、まずは研修会に参加させ、制服の着方、列の並び方、号令、テントの建て方などを事細かに教え、みっちりと学ばせてから対外的な活動に連れて行きます。しかし、そうした型にはめるようなやり方が、新規会員を遠ざけているのかもしれないと考えていたこともあり、その時はあえて、何も教えずに現地へ連れ出しました。

立て直し時期で物理的に教えている時間もなかった、というのもありましたが。

すると、面白い光景が目に飛びこんできました。ボーイスカウト活動が長い中学生たちは当然のようにピシッと並びますが、まだ入ったばかりで何も教わっていない、初めて制服を着た大学生が、横目で中学生のやっていることを見ながら、見よう見まねでピシッと並んで「25団、集合しました！」と大きな声を出したのです。

しかも、自分たちなりに考えて初めて組み立てるテントを建て始めました。中には工学部の学生がいて、「ここはこうですね」と論理的に考えながら、上手に組み立てていました。

私は内心、「たいしたものだ」と感心しました。それで十分でしょう。

ボーイスカウト活動の目的は自立した人材の育成。指導者がやり方を教え込むよりも、自分たちで考えさせた方が、よほど目的に合っている、そう思えたのです。

もちろん、今はきちんと教えてから対外的な活動に参加させています。

じつは、私は一度、ボーイスカウト活動から離れたことがあります。

時代に合っていないやり方を変え始めると、「かくあるべき」と言ってくる人がいます。その「かくあるべき」というものが、今の時代に合っていないことに、嫌気がさしたからです。何を隠そう、堅苦しい伝統の規則にいちばんに嫌気がさしたのは、私だったのです。

昔は軍隊形式の「右向け右」で済んでいました。しかし、今はそれが通じません。スポーツの世界でも、コーチや監督、先輩からのパワハラや体罰といった問題があとを絶たないのは、古いやり方に固執しているからでしょう。

きちんと今の時代と向き合っていかないと、それこそ組織が老化して、衰退してしまうのです。

実際、前述の大学生たちのように、ほったらかしにして「自分たちでやってみな」と言うと、できてしまいます。教育とは「教え、育む」と書きます。ある程度、教えることは必要です。しかし自分で考えてみるという環境を与えることも時として必要ではないかと思います。教えることが育むことを妨げてはいけないのです。そして、大学生たちは、大人たちが何も指示しなくても、自ら進んで小学生たちに教えるようになります。

目的と手段を混同してはいけない、と先にお伝えしましたが、古い慣例や規則（手段）に固執せず、新しいやり方を試してみる――それが時代にフィットしたとき、より高次な形で目的を達成することにつながります。

過去の経緯を踏まえるのが大前提

それでは、なんでもかんでも古い決まりは捨ててしまえばいいのかというと、それはちょっと早計です。

捨ててしまう前に、やらなければならないことがあります。それは、過去の経緯を知ることです。

少年野球チームの監督を引き受けたときのことです。

周年行事を控え、チームそもそもの基軸を調べようとしたところ、あるはずの書類が捨てられていたり、記録が残っていなかったりと、あらゆる資料の管理がずさんとしか言えない状態にありました。正確な発足時期もわからない状態でした。

そこで私は、残っている資料をすべて引き取り、いるものといらないものを整理して、いるものはスキャンしたりファイルしたりと、整理しました。すべて終わるのに1年はかかったと思います。

私がのちに代表となり、次の代表に引き継ぐときにはすべて整理し直した資料を託すことができました。

なぜ、私は過去の資料をそこまでして整理したのでしょうか?

それは、過去の経緯を知らずして、新しいことは始められないと考えているからです。


先ほど、ボーイスカウトの伝統あるやり方を捨てたと言いました。しかし、過去を知らずにただポイッと捨てたら、たんにアナーキーなだけです。歴史を受け継いできた先輩方の同意も得られないでしょう。

まずは、その団体の歴史を知ること。なぜ、今の組織となったのか。なぜ、今のやり方が受け継がれているのか。今の組織ややり方が、団体の目的を実現するものになっているのか。団体の目的と現実の活動がズレていないか。

過去の経緯を把握すれば、その団体が今、どうあるべきかが見えてきます。


ボーイスカウトの例でいえば、「社会に貢献できる人材育成」という目的を達成してきた団体の歴史があります。これを、一昔前の軍隊式ではなく、現代社会の現実に即したやり方――模範を見せ、自分たちで考えさせながら正しい道へ誘導するといった方法に改革し、目的を達成したわけです。

ある団体のリーダーが「今年は破天荒にやる」と宣言していました。しかし、歴史を知らずにこれまでのやり方を捨て去るのは、破天荒ではなく「無鉄砲」です。破天荒とは「前人未到の境地を切り開くこと」であり、過去の経緯を理解した上で、誰も考えつかなかった新たな方法で前に進むことです。むやみやたらに過去の文化を捨てることとは違うのです。たいていの場合、うまくいきません。

団体の歴史が受け継いできた、目的という軸はブレてはいけないのです。そのうえで、目的を達成する方法、手段は、時代に合わせていくらでも変えていいと思います。

変革は段階的におこなう

目的達成のために、組織全体を大きく改革するときにしてはならないのが、

①短期間で変える

②全面的に変える
③相談なしの独断で変える
という3つです。

書面や書式をブラッシュアップするためのものであれば、前述の方法でも良いと思います。ここでの改革とは規約や運営上のルールを大きく変更することなど、会としての文化そのものを大きく変えることです。

リーダーには期間限定の任期がある方が、組織が新陳代謝するから望ましい、と先にお伝えしましたが、その反面、弊害もあります。

それは、任期中に大きな改革をしようと、時間をかけずに一気にやり方を変えてしまうということ。そういう場合は往々にして、根まわしもされておらず、メンバーにも周知がされていないケースが多いといえます。

なんのために変えなくてはいけないのか、変えるためにはどうすればよいと考えたのか。そういった経緯から目的までを理解してもらうためには、時間が必要です。

繰り返し、順序だてて口頭で説明したり、文書を作成して配布したりする必要もあるでしょう。そうした根まわしなしでは、理解を得られず、せっかくの改革案も協力者が得られなくなります。

また、前任者やOBへの配慮も必要です。OBは往々にして、改革の反対に回るものですから、特に慎重な根まわしが必要といえます。

「この部分は良かったけど、ここはこう変えた方がより良くなります」と、過去のやり方を全否定せずに説明すれば「ではしょうがないな」と納得をしてもらいやすくなるでしょう。

任期が2年あるならば、1年目は前例を踏襲して、2年目から徐々に改善するのも一つの手です。

いずれにせよ、改革案を進めるときには、

①団体の歴史や経緯を踏まえ、目的から逸脱しない内容であること

②時間をかけて段階的におこなうこと

③根まわしと相談を忘れないこと

この3つを押さえておくことが重要です。

「機能」と「役割」を明確にする

懇親会のときに、誰がオーダーするのか。誰が乾杯の音頭を取るのか。誰が会計をするのか。そういった役割は、自然と分担されるものです。

団体運営も基本は同じ。どんな役割があり、その役割はどんな機能を果たすのか。これが明確になっていれば、組織は自然とまわっていきます。

とりわけ、既存のうまく機能している組織であればピース（＝人選）さえ間違うことがなければ、機能するようにできています。

私はいろいろな組織のトップを経験してきましたが、このことは共通していました。そもそも組織の機能と役割が明確になっていない組織も多く、その場合は自分で明確にする作業から始めてきました。

組織のナンバー2を誰にするのか。各部門のリーダーを誰にするのか。

大切なのは、適材適所です。

一人ひとりが得意分野で力を発揮できるように、人を配置しなければなりません。その上で、明確に役割を振っていきます。「あなたはこういう担当です。この部門を中心に一生懸命やってくれたらいいです」といったように。

ただし、役割は明確ですが、具体的な仕事内容はあえて明確にしておかないのがコツです。「会員の交流担当」だとすれば、何をもって「交流」なのか、あいまいにしておくのです。そうすれば、交流会やゴルフなどのイベントも、その様子をサイトへアップしたりメール配信したりするのも、新規会員のフォローも交流の一環だよね、と幅広く仕事を振ることができます。

役割を書面にするときには、たとえば「会員の交流に関すること全般」とでもしておくのがよいでしょう。

何か一つ、物事を進めるときには、想定外の細かな仕事が次々と出てくるものです。そして、誰もが想定していなかった仕事に対しては抵抗感を抱いたり、実際にやることになると「押し付けられた」という不満の気持ちを持ってしまいがちです。だからこそ、最初から仕事の幅をできるかぎり広げておくのが無難です。「役割と機能は明確に。でも具体的な作業内容はあいまいに」が運営のコツです。

組織づくりはコアメンバーから決める

私はどの団体のトップになっても、まず最初にやることがあります。それは、組織の中心になって働くメンバーを手帳に書き出し、リストアップすることです。そのあと、そのメンバーで構成される組織の在り方を決めていきます。人ありきで役割を考えるか、それとも役割ありきでそこに人を当てこんでいくかは、団体によってケースバイケース。中心メンバー選びと、組織づくりを同時に考えていくこともあります。

私の場合、組織構成は大きく分けて、次の4つを軸に決めていきます。

①運営系　会社でいうところの総務部門。団体の運営全般を担う。

②渉外系　対外的な顔。役所や他団体とのやり取り、広報的な活動を担う。
③研修系　その会の目的に合致した研修や事業などを担う。
④交流系　交流会やゴルフ、新年会や忘年会など、メンバーの交流イベントを担う。

中心メンバーの誰に、どの役割をまかせるのかは「Aさんは交流系が得意だな」「Bさんはキッチリしているので運営系」といった具合で、どんどん割り振っていきます。既存の団体のリーダーをまかされたときも、新しい団体を立ち上げるときも、組織の機能と役割を固めていくときに、①～④の役割を一覧にした表をつくります。その表へ、適材適所で人を当てこんでいくわけです。

逆に、将来を見すえてあえて不得意そうなポジションにすることもあります。近い将来、会の中心的な役割を担ってもらうためには研さんを積んでもらう必要があるからです。その場合、しっかりと意図を理解してもらい期待を込めてお願いします。もちろん、すべてサポートすることを約束します。

人を育てる「行動」の機会を奪わない

機能と役割を明確にして人材を配置したら組織は自然に動きだす、と前述しました。このとき、せっかく動き始めた組織の運営を阻害する最大の要因は「口の出し過ぎ」、言い換えるならば「老害」です。

人は行動によってトレーニングされるものです。そして、その行動は常に主体的でなければなりません。いつ、何を、どうおこなうかは、役割を担った人間が自ら考え、動くこと。それなしに、人材は育ちません。

いつ、何を、どうおこなうかを考える機会を、周囲の人間が口出しをして奪っていくことは、人材が育つ機会を失うことにつながります。

「リーダーが育たない」「後任を託せる人間がいない」という組織には、たいていの場合、口を出すのが大好きな古株がゴロゴロいます。新しい担当者を据えても、まかせることができずに、逐一報告を欲しがり、すべてにダメ出しをしたがるのです。各担当者を自分が動かすコマの一つと考えて、思い通りに動かそうとするのです。それでは担当者のモチベーションは下がり、やりがいも感じられず、「次も頑張ろう！」とは思えなくなります。下手したら、団体を退会するきっかけにもなるでしょう。

組織づくりをおこなったら、会の代表者としては求める方向性を指示するだけ、あとの方法論は各担当者が考え、行動を周囲は見まもり、サポートするにとどめる覚悟が必要です。組織の機能と役割が明確ならば、各担当者は何も指示しなくても、自ら考え活動するようになります。時には修正することも必要となりますが、しかるべき会議などで精査されて行きますので、ある程度のストライクゾーンにはたどり着きます。たどり着かない場合は、トップが方向性の指示を誤っているだけのことです。

私は個別にそれぞれの担当者と連絡を取るようにしており、事前に進捗状態を確認したり、方向性をすり合わせるようにしています。

1年も経てば、しっかりとトレーニングされた中心メンバーが育ち、組織の運営はグンとラクになります。自ら考え、動く担当者が揃うと、組織は生き生きと動きだします。

そして、主体的に働くように育ったメンバーは、当然、責任感から安易にやめることはありません。新しい仲間を増やすことにも熱心になります。

次のリーダーは「運営」か「渉外」担当にする

先ほど、組織づくりは運営系・渉外系・研修系・交流系の4つを軸にすると述べました。このうち、次世代のリーダーになれると感じた人材には、運営系か渉外系をまかせることをおすすめします。この2つの役割は、組織運営のキーとなるからです。

運営系は、団体をまわしていくために不可欠。団体自体を一番早く理解してもらえるポジションになります。団体内のメンバーとの関係を深めることができるため、リーダーになったとき最初から周りの協力を得やすく、運営がスムーズになりやすいということがあります。

片や渉外系は、対外的な団体の顔です。未来のリーダーにどんどん外に出て行ってもらえば顔が売れるため、将来、団体の代表者になったときには地域の協力や理解を得やすく、話が早くなります。

もちろん、運営系と渉外系だけがリーダーの資質ではありません。例に挙げたこの2つの役割は会の将来を考えるとリーダーとしての研さんを早く行えるポジションではないかと考えているだけです。どちらの役割をまかせるにしても、もしまだ力不足であるならば、頼りになる人材を数人、補佐役に付けるとよいでしょう。

次世代の人材は、早めに仕込まなければ手遅れになって、同じ人間が何期も続けなければならなくなります。前述の通り、それは組織の新陳代謝が悪くなって、老害が生まれる原因となってしまいます。私は、転勤や病気、仕事の事情で続けられなくなったときなど、不測の事態にも対応できるように、2期分、つまり2名の育成を進めておくことで「次のリーダーはどっちがやってもいいよ」という状況を作るようにしていきます。東京JC世田谷区委員長を担っていたとき、自分のあとの4年分くらいの人材を育てました。世田谷法人会青年部会のときは、2期分の人材育成をおこないました。

さらに、そうやって育成した自分の後任の人材に対しても「次世代の育成もミッションにすること」を必ずアドバイスしています。

理想的な組織は「逆ピラミッド」

私は周りから、トップダウン式で改革を進めていると思われがちです。しかし、私の発想はまるっきりその逆、むしろトップダウンの考え方が大嫌いなのです。

私がイメージしている組織は、次の図のような逆ピラミッドです。私はこの逆三角形のいちばん下にいます。私がいちばん下で支えているから、みんなには目的に向かって、心置きなく活動してほしいといつも考えています。

JCなら社会に向けて、上へ活動を広げてほしい。ボーイスカウトや少年野球なら、子どもたち、そしてその向こうにある社会に向けて上へ上へと広がるように。

もし、みんなの活動の方向が団体の目的からそれていきそうになったら、いちばん下から修正するのが、団体運営者の大事な役目です。自分の上にいるサブリーダーや、メンバーたちのために、最も重い荷物をしょって、いちばん汗をかける人間でありたいと思っています。

そう話をすると、よく「一人で担うのは大変ではないですか？」と聞かれます。し

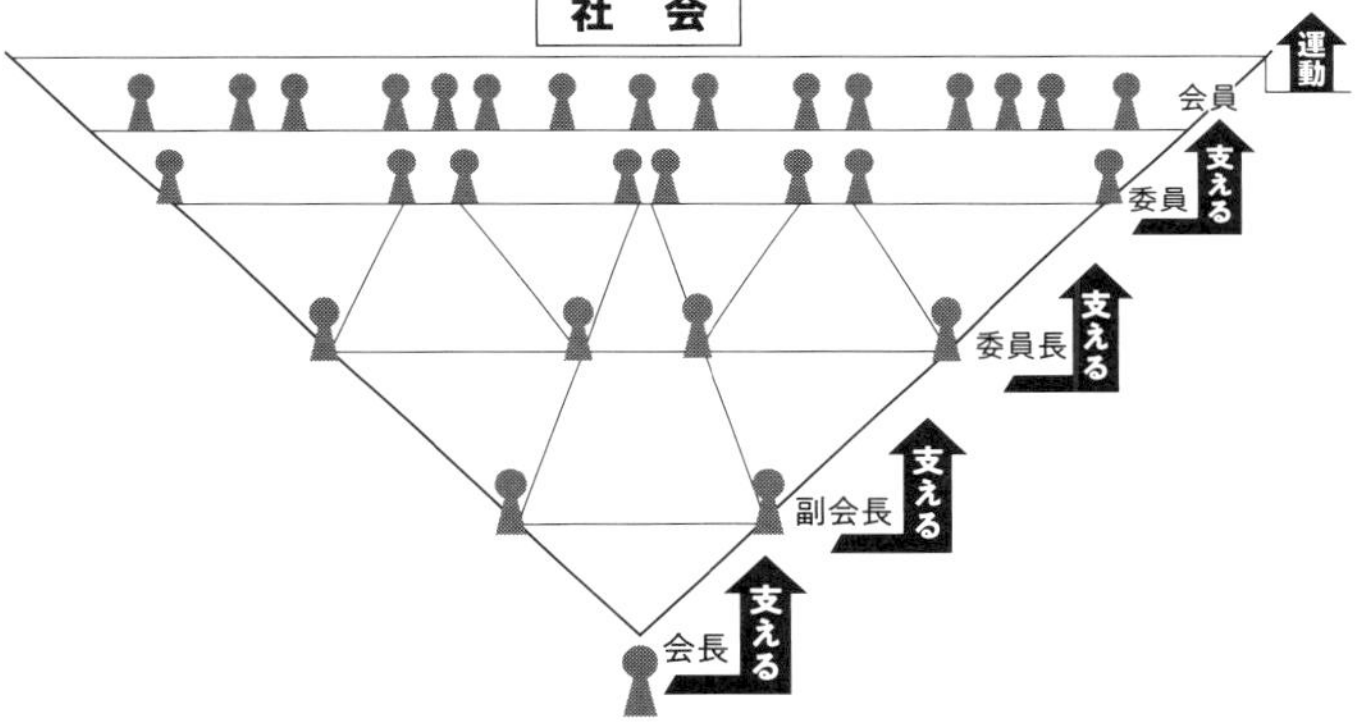

組織の理想は逆ピラミッド

団体の在り方はいちばん下に会長。その会長が副会長を支え、副会長は委員長たちを支える……と、全員が誰かを下から支えることで組織は強固になる。全員が誰かを支える意識が重要。

かし、この逆ピラミッドをよく見てください。このピラミッドは細かいパーツに分かれています。会長は副会長を支えるピラミッド、副会長は委員長を支えるピラミッドが積み重なっている、というイメージです。

会長は副会長のために、副会長は委員長のために、委員長は委員のために働きます。支える人は、役割によってそれぞれ違います。いちばん下の会長は全員を支えなくていい。その先にいる人は、また違う人が支える――そんな互助力が高まることで、団体組織は堅固になるのです。

非公式の役職を増やす

リーダーや中心メンバーを育成しているあいだ、それ以外のメンバーの足が遠のいては、本末転倒です。団体に加盟している人はできるかぎり、できれば全員を組織に巻きこむことが大切です。

その一手として、私が取り入れているのが役職を増やすことです。

どの団体にも、会長や副会長、会計といった、オフィシャルな役職があるものです。こうしたオフィシャルの役職を増やそうとすると、団体の規約を変えなければなりません。それは、手続きに時間も手間もかかるため、現実的ではありません。

しかし、オフィシャルではない役職をつくることは、難しくありません。

たとえば、実行委員長。実行委員会を立ち上げるのに、面倒な手続きはいりません。新しい委員会を立ち上げることによって、実行委員長や副委員長、幹事といった新たな役割を誕生させてしまうのです。それを、前述の機能と役割の要領で、どんどん役割のまだついていないメンバーに振っていきます。

ただし、実行委員会設置もオフィシャルであれば、○○グループや○○チームでもなんでもよいと思います。

たとえば、「第1回ボウリング大会」をやるとします。「第1回ボウリング大会実行委員長、同副委員長、同競技委員長、同事務局長、同会計、同懇親会実行委員長、同会計」いう具合です。幾つでもつくれます。「○○委員長」「○○副委員長」という肩書きが付けば、その団体での自分の役割が明確になります。出番が増えれば、自分の存在意義も実感できるでしょう。役割が付いている方が、何も付いていないよりも責任感が増し、発言がしやすくなります。すると会議の出席率も高まり、場が活性化します。

役割を増やせば、一人ひとりの負担が分散されるというメリットもあります。ワークシェアリングです。それまで5人で動かしていた組織を、10人や20人で動かすようになれば、仕事量が分散して「これなら参加できる」という人も増えます。

中心メンバーばかりが熱心で、それ以外のメンバーが蚊帳の外、という団体は多いと思いますが、そうした事態を防ぐことにもつながります。

先ほどの逆ピラミッドで言えば、支点になる人が増えて、逆三角形が増えるのです。主体的に関わる人が増えれば、組織の機能も高まるでしょう。

場合によっては規約を変更して、オフィシャルの組織を変えることもあります。しかし、これはよほど必要に迫られていないかぎりやりません。これまで受け継がれてきた歴史を変えずして新しいことに挑めるなら、その方がベターです。


たとえば、ＪＣの委員会ではかつて、事業の報告は副委員長の役割でしたが、私は副委員長の管理下に実行委員会をつくって役割を分掌しました。

なぜ歴史ある組織でこうした変更がおこなえたのかというと、そもそも副委員長だけが報告しなければいけない道理はないからです。なんとなくの慣例ならば、役割を移動することのメリットをとけば、周りを説得することは難しくありません。

副委員長の下で、業務分担をした実行委員会をつくり、具体的な内容はその実行委員長に報告してもらうことにしました。

役割をどんどん増やして、人を配置していくと、組織は活き活きと動きだします。

変えるときは、丁寧に根まわし

改革をするときは、根回しが欠かせないというお話を前述しました。ここでは、もう少し詳しく解説しておきましょう。

団体を改革するとき、私はよく、それまでの慣例や文化、時には規約まで変えることがあります。団体の歴史を理解した上で、変更してはならないきちんとした理由がある場合は手を出しませんが、「なんとなく」「今までそうだったから」という場合は、必要と判断したときには恐れず変えます。

このときよく勘違いされるのが、私が「独断で強行して改革している強硬派」と思われることです。そんなこと実際は無理ですし、それでは単なる無法者です。メンバーの同意や協力を得ることもできなくなるでしょう。

先にお伝えした通り、改革でやりがちな失敗は、独断的に相談もなく、短期間で全面的に変えようとすることです。これではどんなに良い内容でも、メンバーの理解が得られず、当然協力を得ることもできずに失敗します。

新しい組織の立ち上げならば、規約から何からなんのしがらみもなくゼロからつくれますが、既存の組織のやり方を改革するとなると、徹底した根まわしとそれにかける時間が必要です。

たとえば、私は改革のための議案をつくるとき、会議当日にその場で突然出すようなことはしません。

ボーイスカウトでは、自分の団の役割の他に世田谷地区で地区コミッショナーを担っています。会議前には事前に副コミッショナー全員にメールで資料を送り、目を通してもらっています。送ってもらった方は、事前に内容をざっと把握できるので、会議の場では何を意見しようか考えをまとめることができ、会議当日の話し合いが非常にスムーズになります。メールに対する返事がない人がいたとしても、「事前に送りましたよ」と言える状況はつくれます。

議題を事前に送る、私の狙いは2つあります。

一つは、すでに中心メンバーの総意が取れた状態で会議に臨めること。会議で突然資料を出すと、「一人で勝手に決めている」と受け取られることがあるからです。問題意識の共有という意味でも事前に理解が進みます。

もう一つは、ブラッシュアップするため。

時には間違いの指摘、もっとこうした方がいい、といった意見が返ってくるので、内容を事前に改善することができます。あるいは、自分の意図が伝わらない文章になっていることもよくあるので、

「こういうことを言いたいなら、こう書いた方がいいのでは？」

「そうだね。そうしよう」

といったやり取りもできるわけです。誤字脱字や大事な行事日程が抜けていたりすれば、このときに指摘してもらえるため、公式の場で恥ずかしい思いをしないで済みます。

ここまで内容を詰めておけば、すでに議案に対する同意を得たようなもの。

会議当日に、ブラッシュアップ済みの資料をプリントアウトして配布すれば、全員がすでに目を通していますから、中心メンバーは皆「ああ、これね」となるわけです。それ以外のメンバーに対しては「執行部が納得している改革案ができている」状態がつくれるわけです。

一方、この逆のケースもあります。抜本的な大改革をするときは、主要な立場の人と私の2人だけで、改革の青写真をつくってしまうこともあります。

たとえば規約を変えるとき。

現行の規約の問題点はどこか、私がすべて書類を作成し直し正誤表を付けて、「こう変えよう、なぜならばこういう理由だから」と主要な人と意見交換します。

たたき台をつくった上で、会議で「どうですか？」とドンと出します。

そうした準備をすることにより、議論が先に進み、硬直状態にある組織を動かすことになります。

ある程度整理されているものを出せば、議論が散らかってしまうことはありません。

初めて見た人でも「これは問題だよな」「これは変えない方がいい」と判断しやすいからです。それくらいの下地はつくるようにしています。

改革の絵図を、一度１００％に近い状態までつくって、書面にしてわかりやすく見せる。そうすることで、議論が具体化し、大胆に改革が進んでいくのです。

会議で「何か意見は？」とは言わない

会議を運営しているとき、「重箱の隅つつき」が始まってウンザリすることはありませんか？

資料を配って意見を募ると、誤字脱字を指摘されたり、ここの文章がおかしいと突っこまれたり、どうでもいい質問が飛んできたり。そんなことのために会議を開いたのではないのに……と頭を抱えたくなることがあるでしょう。

会議の運営にも、コツがあります。

漠然と全体について、「皆さん、どうですか？」と問いかけることを、まずはやめましょう。そう問われると、人は「何か見つけて意見を言わなくては」となるため、重箱の隅をつつくような発言が出やすくなるのです。

こうした事態を避け、建設的な意見を引き出すためには、ピンポイントの投げかけが効果的です。

「この資料の、この部分の内容について皆さんの意見を聞かせてください」

「この事業のここをもう少しいじると面白くなりそうです。何かアイデアはほかにありませんか？」

「4月にやっていた野外のイベントを7月に開かざるを得なくなりました。当日は暑さの問題がありそうです。日陰づくりのテントを3ヵ所設けますが、ほかに何か対策はありませんか？」

具体的にポイントをついて、問いかけるわけです。

そうすれば、議論が散らかることはありません。

問いかけのポイントは、会議に参加しているみんながポジティブに考えやすい質問を投げること。議論のテーマを絞ること。そうすれば、粗探しのような議論にはなりにくくなります。会議が明るく、活き活きとした場に変わるはずです。

報告はできるだけコンパクトに

非営利団体に限らず、どこの組織でも同じだと思いますが、最近は会議をいかに効率化するかについて、よく話題に上ります。

かつてボーイスカウトの地区役員会は、9人ほどのコミッショナーが順番に報告をしていく、というスタイルでした。これが非常に時間がかかり、無駄だとみんなが気づいていましたが、長年そのスタイルであったため私を含め誰も是正することがありませんでした。

私が地区コミッショナーに就任した時、この時間を短縮しようと思いました。5～6枚のペーパーに全員の報告事項や依頼事項をまとめて配布し、代表として私がポイントとなる部分や、どうしても口頭での説明が必要な部分に限り、会議で読み上げるようにしました。あとは資料をご覧ください、というわけです。

すると、報告の時間が半分以下となり、その分、議論の時間に充てられるようになりました。

これは前述した役割を増やすことと真逆の手法です。新人さんが来る場ではなく固定化されている役員会内の問題だったため、役員会としての機能を充実させるために効率を優先させることを選んだのです。

今の時代、メールやSNS、クラウドシステムなど無料で活用できる便利なツールがたくさんあります。こうしたものを上手く利用して効率化すべきです。

報告が長い会議は、会議ではなく単なる報告会です。報告はもちろん必要ですが、最低限の報告や連絡は、事前のメール配信で済ませましょう。

節約した時間は、中身のある議論に使うべきです。

文化をつくる

あなたは朝、出社したら一番に何をしていますか？

営業なら、朝礼で社訓を唱和するかもしれません。大型建設現場なら、みんな揃ってラジオ体操というのが定番でしょう。

ちなみに社長である私が出社していちばんにやることは、ゴミ出しです。分別も完ぺきにおこない、手早くまとめるのが特技。土日に出勤することもありますが、そのときには、隅から隅まで丁寧に掃除機をかけています。

こうした会社組織や団体に根付いている、習慣や性格は、組織の「文化」と呼べるものです。私の会社の文化は「社内の美化にこだわる」となるわけです。社内文化に対しては、代表の私が最もこだわって、行動をするべきだと考えています。

どの組織にも、多かれ少なかれ、こうした文化が根付いています。

非営利団体なら、総会の流れや年間の行事が決まっていますが、これらも文化です。行事のとき、たとえば最初に会長が挨拶する。ミーティングで副会長が司会をやる――別に、会長の挨拶がなくても、副会長が司会でなくてもいい。それでも、会は存続し機能して受け継がれてきています。

こうした、組織ならではの文化をつくる利点は、大きく2つあります。

一つは、外部の人たちがどんな団体かイメージしやすくなること。年間行事や各行事の流れが決まっていれば、自分が入会したあとにどんなことをするのかイメージができます。

もう一つは、内部の人たちがルーティンに乗っていけること。去年も、今年も、来年も同じ。そうなると、会員は流れに乗っていけばいいわけです。新しく入った人も、何をどうすればいいかわかりやすいというものです。

会員に喜んでもらえるならば、新しい文化をつくったり、時にはアレンジするのもいいでしょう。

たとえば、ＪＣには卒業式があります。私が東京ＪＣ世田谷区委員長になる前は、世田谷区委員会の卒業式はずっと箱根で開いていました。

委員長に就任が決まったとき、同じ金額でもっと卒業式のクオリティを上げられないか、と考えました。そこでほかを当たってみたら、奥湯河原で同じ予算でさらに上質な場と料理が提供できるところがあることがわかりました。

その年からは奥湯河原に変えたところ、卒業生はもちろん、参加者全員に大変喜んでもらうことができました。

ほかにも、
・任期を終えた功労者には、名入れの記念品を贈る
・大きなイベントのときは皆で同じネクタイをする
・誕生日には団体から花を贈呈する
・新規会員入会のときは全員で握手、歓迎のコメントを伝える
・サプライズでお祝いのVTRを作る
など、皆が喜ぶ、メンバーの心を一つにするような文化をつくるのも、団体の魅力を増す一助となります。

「角《かど》っこ」をつくる

文化が定着すると、スムーズに団体を運営できるようになりますが、その反面、ダラダラと惰性で進んでいってしまうというマイナスの作用もあります。

その特効薬となるのが、「メリハリ」です。

たとえば、ボーイスカウトには進級制度があります。ボーイスカウトの最上級の進級は「菊スカウト章」というもので、進級の際は面接がおこなわれます。それを「○月○日に面接をやります」とメール連絡で済ませていたのですが、これに私は「メリハリ」を利かせることにしました。きちんとした書面にし「何月何日に○○君の菊スカウト章地区進級面接会をおこないます。団委員長と隊長は出席してください」という文書を作成し、それに「地区コミッショナーが作成した文書」として正式なものとわかるよう、管理番号を入れるようにしました。

たかだか1枚の紙切れです。しかし、「正式な書類」としてきちんとメリハリをつけると、子ども本人も保護者も気持ちが高まります。

私はこうしたメリハリを利かせることを「角《かど》っこをつくる」と呼んでいます。

会議でも、角《かど》っこをつくることは大切です。

「1時間で会議を終わらせる」と言ったら、時間内で終わらせる内容で仕込み、それを全員の前で宣言します。すると「ダラダラと時間をかけることができないな」と皆が理解して、集中して会議を進める空気が生まれます。

また、進行役が小さい声でボソボソと、同じ調子で話しているのを聞いていると、参加者は悪気がなくても集中力が途切れてきて、ぼんやりしたり、うっかりあくびが出そうになったりします。進行役は意識して、声に強弱を付けて話し、時にはランダムに声をかけ、緊張感をつくること。それも、角《かど》っこをつくることになります。

日の丸を思い浮かべてください。赤い丸と白地だけでは、日の丸になりません。ただの赤い丸です。四隅をきちっと記して、初めて日の丸になるのです。この四隅が角《かど》っこです。

メリハリを利かせる。隅々まできちんとする。エッジを利かせる。団体運営では、こうした角《かど》っこをつくることが、ダラダラとした空気感を払拭し、メンバーの気持ちを高めると同時に引き締めることにつながります。

エッセンス 5

戦略・戦術

～ターゲットを明確にしてアプローチする～

ただ「増やしたい」では増えない

人が集まる団体づくりのエッセンスの最後は、いよいよ、会員獲得のための具体的な施策です。

会員獲得の目標を設定した。チラシもつくった。いざ、会員獲得に向けて動きだしても、なかなか会員が集まらない――そんなケースはどこの団体にもあるでしょう。その大きな原因の一つが、どこのどんな人に声をかけたらいいかを明確にしていないことです。

一体、誰に声をかければいいのかよくわからない。そうなると、声をかけやすい知り合いをなんとなく誘ってみるしかありませんが、「考えておきます」と返されるのがオチ。そもそも、自分にとってメリットや魅力がある団体でなければ、入ろうとはしないでしょう。

どんな人がその団体に興味を持つのか?
どんな人にアプローチすればいいのか?
セールスマンで言う「見込み客」の開拓です。
人を集めるには、そういったことを明確にした、戦略・戦術が欠かせません。

ターゲットを絞りこむ

まず、ターゲットの設定です。どんな人たちに向けてアプローチすべきかを考えていきましょう。

たとえば、子どもがターゲットの場合。活動の中心となるエリア内の子どもの数と会に所属している子どもの人数を比較します。ここで必要なのは学年ごとの人数です。人数構成を考えたとき、4年生が少ないのなら4年生を重点的に集める方法を考えます。いちばん早いのは、今いる4年生に「友達誘っておいで」、「今度、練習とは別にバーベキューをやるから同じクラスの友達誘っておいで」などと声をかける「子どもが子どもを誘う作戦」。また、同様に4年生のお母さんたちに同年代が少ないことを説明し、お母さんから、4年生の子を持つほかのお母さんを誘ってもらう「親が親を誘う作戦」を立てます。

自分から門をたたいて入ってくるお子さんはほとんどいません。先ず保護者目線で勧誘することを考えます。保護者が自分で勧誘する際に困ったことがあれば、それに対応して行きます。

たとえば、前述の少年野球の場合、保護者の役割分担の明確化は保護者のニーズであり、ポスターにも「保護者は月1回程度のお手伝いがあります」などと記載しました。保護者は、参加させてあげたいという思いと同時に、自分の負担も考えます。保護者にはポスターやチラシなどの視覚に訴えて、子どもには現場で十分に楽しませる。これがいちばんです。

経済団体なら、業界・業種を絞ったアプローチが考えられます。

たとえば、すでに運送業界のメンバーが多いとします。すると、つい気軽に声をかけやすい、同じ業界の人にアプローチしがちですが、それは過去のメンバーも同じこと。もれなく声がかかっているため、すでに入会済みだったり、「またか、もう何度も断っているんですよ」と言われたり……アプローチに労力をさく割には、多くの人たちの入会は見こめません。

それよりも、会員が少ない業界を開拓した方が、大きな成果が見こめます。電気工事会社や設備会社の会員が少ないなら、建設業界を集中的に攻めればいいのです。

あるいは、税理士や弁護士、社労士などをターゲットにするのも効果的。こうした士業の人たちは、あらゆる業界の経営者とのネットワークを持っているため、広がりが期待できます。

卒業・引退のある団体なら、年齢を絞ったアプローチも欠かせません。

61ページでは、人を集める目標を設定するための表を作成しました。これを活用して、年代別のターゲットを絞りこみます。

たとえば、表を作成したときに30歳前後のメンバーが極端に少ないことがわかったとします。このままでは10年後には中心メンバー不足に陥る……というのを「見える化」することによって、はっきりします。

すでに入会している30歳前後のメンバーに、同世代の知り合いに声をかけてもらう、さらに、それ以外の年代のメンバーにも、30歳前後の知り合いがいるなら積極的にアプローチしてもらうなど、集中的に攻めていく戦略を取れます。

狙うべきターゲットが絞られると、目標と行動が明確になります。目標が明確であれば、当然、達成もしやすくなるのです。

マッピングで重点エリアをあぶりだす

年齢のほかに、ターゲットを絞る方法として「エリア別にマッピングする」のもおすすめです。

地域の団体や全国団体の支部の場合、会員のエリアが限られていることがありますが、その場合、私はエリア別でターゲットを設定します。

たとえば、私が住んでいる世田谷区の経済団体の会員を増やそうとするとき、まずは、次ページのような世田谷区全域の地図を用意します。

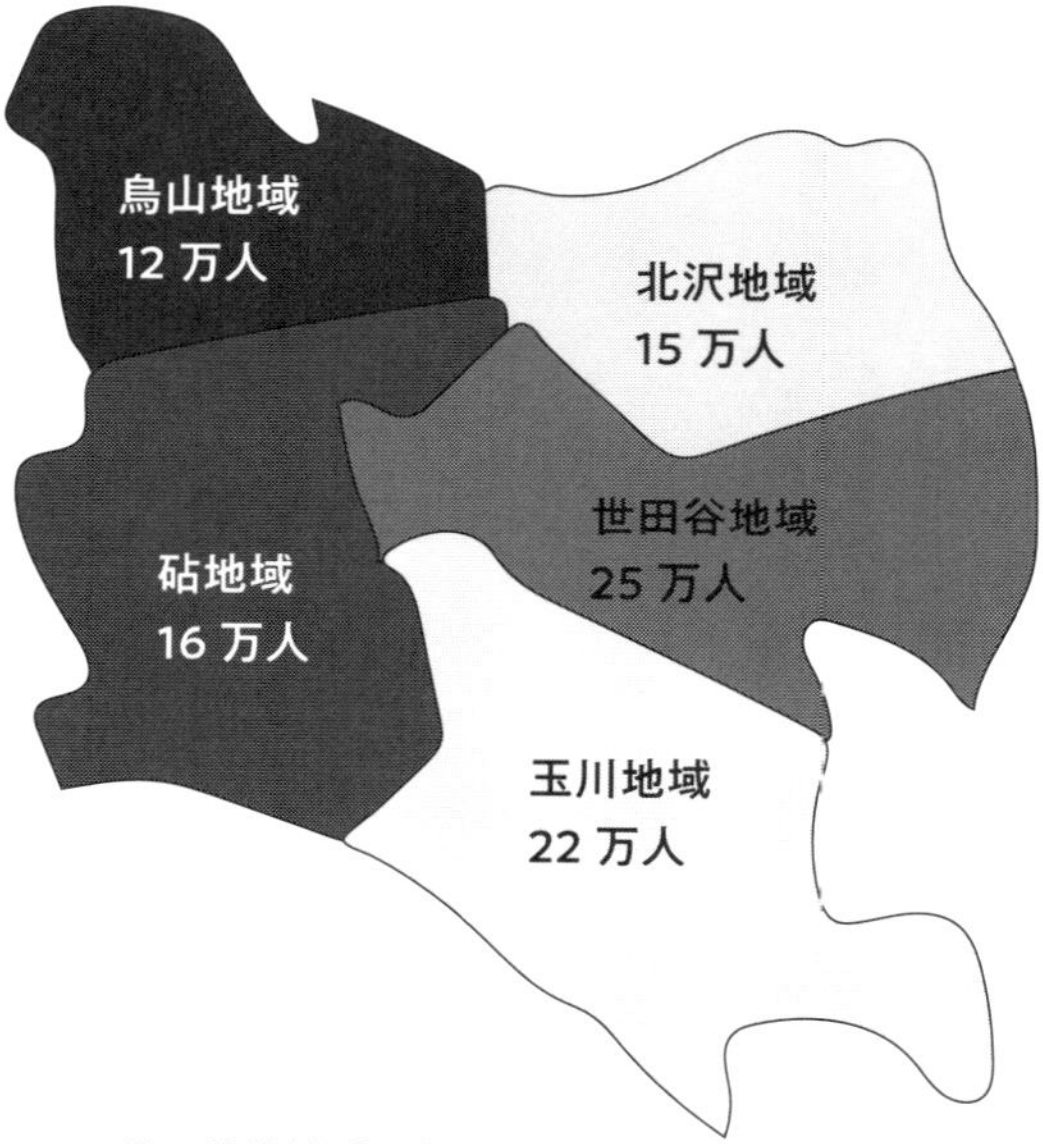

世田谷地域別の人口地図

区内全域の人口に対する現会員数から目標人数を設定する

（単位：人）

地　域	人　口	現会員数	目標人数
世田谷地域	248,759	10 人	**0 人**
北沢地域	152,135	2 人	**0 人**
玉川地域	223,602	9 人	**1 人**
砧地域	161,717	1 人	**1 人**
烏山地域	119,443	0 人	**5 人**

世田谷区は5地域に分けられます。区役所のホームページにアクセスすれば、すぐにこの5つの地域別の人口がわかります。

さらに、右ページ下の表のように、今いるメンバーがどこに住んでいるかを記していきます。25万人が住む世田谷地域の会員が10人いるのに、12万人が住む烏山地域の会員がゼロだとします。烏山地域には世田谷地域の半分近い人口がありますから、5人くらいの入会は見込めると想定し、烏山地域の知り合いや会社をターゲットに絞りこみ、声をかけていくという戦略ができるわけです。

同時に、区内のどこでどんな行事がおこなわれているかもマッピングします。その結果、烏山地区のお祭りに参加していないことがわかれば、会の存在をアピールするために、新たに参加を申しこむなども有効です。お祭りを通じて地元の有力者と顔なじみになったり、知り合いが増えたりすれば、新たな会員獲得に力になってくれます。

子どもがターゲットの場合、学校のサークルなど限られた対象者の団体を除いて、やはりエリアの設定は必要です。エリア内での広報はやはり必要となります。経験上、中心となっている学校だけではなく、私立学校に通っているお子さんや、隣の学区域ながら、エリアを超えて入会してくれたお子さんもいました。

ポスターやチラシなどを使い、地域内で子どもの活動があるということが宣伝できるだけでも、地域からの見られ方が変わってきます。

「紹介カード」を勧誘の足掛かりとする

会員を集めるために有効なツールの一つとして、「紹介カード」の活用があります(左ページ参照)。

これは、会員に紹介できそうな人を既存の会員やOBなどに推薦してもらい、名前や連絡先などを書いてもらうためのカードです。紹介できそうな候補者に事前に話をして本人の了解を得ることが必要です。

そして、当然ながら書いてもらったカードを受け取って終わり……では、何もプラスにはなりません。カードを受け取ったあとのフォローが重要なのです。

まず、返ってきた紹介カードを左ページ下のような表に落としこみます。「何月何

あなたの周りに必ずいるはず

新入会員ご紹介キャンペーン

あなたの周りにいる方で、新入会員候補者として
ご推薦いただける方"2名"をご紹介して下さい。

ご紹介カード

年　月　日

		1		2
候補者名		さん		さん
生年月日		年　月　日（　才）		年　月　日（　才）
勤務先				
役職				
TEL		TEL　（　）		TEL　（　）
FAX		FAX　（　）		FAX　（　）
E-mail				
住所				
推薦者との関係				
連絡可能時間				
推薦者	ご氏名	（現役・卒業生）		
	電話		住所	

紹介カードを渡してから申し込みまでを表に落とし込んで共有する

	氏名	紹介者	E-mail	電話番号	7/5	7/6	7/7	7/8	7/9	7/31
1	山田太郎	大高拓也	aaa@aa.-a	000-0000-000	資		電	例	申	
2	佐藤和夫	橋本　真	bb@b-b.b	000-0000-000	受		電	例	電	
3	鈴木光子	大高拓也	cc@ccc-cc	000-0000-000	資		電	例	申	
4	深井　弘	今野　晃	dd@dd.d	000-0000-000		メ	資	×	電	

受＝紹介カード受付　資＝資料送付　電＝電話連絡　メ＝メール連絡
例＝定例会　×＝定例会欠席　申＝申込書提出

日にアポを入れた」「何月何日にメールした」「郵送物を送った」「定例会に来てもらった」といったことを明記し、対象者へのその後のアプローチをずっと追っていくわけです。

すると、アプローチの過程が「見える化」されるので、誰にどこまで話が進んでいるのかが一目で把握できるようになります。

会社の顧客管理でも、こうした表を作成して営業ツールとしていると思います。こうして、現状を見える化することが、メンバー同士の情報共有にもなります。

最後のクロージングのときは、リーダーである私が一緒になって働きかけることもよくあります。会社の営業活動でも、部下が持ってきた案件のクロージングに、上司が出向くことがあると思いますが、同じことです。最後の一押しをするときは、こちらの熱意を伝えるべく、真剣な行動と態度が必要です。

不思議なもので、新しい会員が増えてくると、メンバーみんなのやる気が高まります。みんながトップセールスマンになるくらいのつもりでアプローチするようになるのです。仕事でも、商品が売れないと社員のモチベーションは下がりますが、売上が上がれば雰囲気が良くなって、さらによく売れるのと同じです。

新しい人が次々と入ってくると、団体の活動も活気づいてきます。毎回のように懇親会に新しい人が来ていると、メンバーもうれしいものです。入ったばかりの人も、ほかにもたくさん新人がいるとわかれば、入会への心理的な抵抗感も薄まります。古株ばかりでは溶けこみにくいですが、新しい人がたくさんいれば、あまり気を使わなくてすむうえ、懇親会も盛り上がります。新しい人と交流をしてくれるメンバーがどんどん増えて、一人にさせない雰囲気ができます。この状態を「拡大スパイラル」と呼んでいます。

新しい人が来てくれるだけで、会全体の雰囲気がいい方向にまわっていくのです。

個人も、組織も、カッコ良くあれ

中年太りで出っ張ったおなかを隠すためのダブルのスーツ。金の時計に大きな携帯電話。左手にはセカンドバッグ……それが、私の入会したころのＪＣメンバーによくある出で立ちでした。

全国大会が開かれると、そんな人たちが何千人と集まるわけです。町には懇親会の会場の目印のために「〇〇青年会議所」なんて幟が立っていたり。それを見た人は、「この団体にぜひ入りたい」と思うでしょうか？　大多数の人は「うさんくさい集団だな」「ダサいな」と思っていたのではないかと思います。

今はさすがにそんなことはなくなりましたが――それでも、ＯＢとしてＪＣに呼ばれて講演するとき、私は現会員へ必ず伝えるメッセージがあります。

それは「カッコ良くあれ」ということです。見た目の印象をおろそかにしている人が多いと、常日ごろ感じているからです。


見た目には2種類あります。個人の見た目と、団体としての見られ方です。

個人の見た目について言えば、何も高級スーツを着て、ブランドものを身に着けろと言っているわけではありません。量販店の吊るしのスーツでも十分なので、体のサイズにあっているか、汚れやシワ、ほつれはないか、常に気を付けること。靴も同様に、色あせや汚れがないように、常に磨き上げておくことです。つまり身だしなみに気を使っているかということです。

身だしなみに対して意識を高く持つことは、思った以上に周りへ大きな影響を与えます。人間はより美しいもの、清潔感のあるもの、新しいものに、自然と心惹かれます。リンゴを買うとき、傷んでいるもの、古そうなものはよけて、ピカピカのきれいなものを選んで買うでしょう。それと同じです。

ヨレヨレのスーツを着た、ぼさぼさ頭の冴えない印象の人から「こんど、うちの団体のイベントに来ませんか？」と声をかけられても、とてもついて行く気にはなれません。しかし、パリッとしたスーツを着た、見栄えの良い紳士から誘われたら、行ってみようという気になるでしょう。

同じように、発言に対しても思った以上に意識を向けられています。

何も話さない人や否定的なことばかり発言している人より、建設的で情熱的な人の方が魅力的です。どの立場であっても会の代表者として外へ出たときには、その人を通して団体がイメージされます。

2つ目は団体としての見られ方です。

ボーイスカウトには「スマートネス」というキーワードがあります。

これは、動作や行動がスマートであること、もちろん制服の着こなしの良さも意味します。ボタンが外れていないか、記章が正しく付いているか、常に気を配ることを重要視しています。

ボーイスカウトは、全員がまとまって、同じ制服をビシッと着こなすから、団体としての見た目がとてもよくなるのです。制服を着て、テキパキと働いているお兄さんやお姉さんを見て、小さな子どもは「自分もああなりたい！」、親御さんは「わが子もこうなってほしい」と思うのです。

記章が付いていたり、付いていなかったり、ボタンを外していたり……と、スカウトがそれぞれ違う着こなしをしていたり、だらしなく着ていては、統率が取れていない印象になる上、まったくカッコ良く見えません。そんなボーイスカウトに、子どもを入れたいと親は思わないでしょう。

制服だけでなく、ちょっとした身に着けるものでも、団体の見た目を良くすることは可能です。世田谷法人会の青年部会長のとき、35周年を迎えたのを機に、記念に青年部会のバッジとネクタイをつくりました。そのころメンバーが増えていきましたが、共通のアイデンティティとなるモノが全くなかったからです。

青年部会として、ようやくできたアイデンティティとなるバッジとネクタイは、メンバーからとても喜ばれました。

それ以来、オフィシャルの集まりのときは、みんなでおそろいのオリジナルネクタイを締めるようになりました。同じものを身に着けることで、周囲から統率のとれた団体である印象を持ってもらえる上、メンバーの結束する気持ちを高めることにもつながります。

ただし、身の振り方をまちがえるとこうしたアイテムも逆効果となります。

私は何かしらの会合がほぼ毎日あるため、毎晩お酒を仲間と飲んでいますがお酒に飲まれて醜態をさらす人、人格が変わってしまう人は大嫌いです。また、バカの一つ覚えのようにイッキ飲みを強要する雰囲気も嫌いです。

もし、そうして騒いでいるときに、団体名がわかるバッジや服装、資料などが他のお客さんに見られてしまうと、その団体のイメージは一気に低下します。いつもそうやってバカ騒ぎしている団体と思われてしまいます。

かつて地方の小さい町で講演をしたとき、かなり遅い時間までお付き合いしたのですが、その街にはその時間でお酒が飲めるお店が数件しかありませんでした。当然、その団体は店主も常連のお客さんも知っています。そんな場で醜態を晒したら、団体のイメージは最悪なものとなります。

私が関係しているすべての団体では、イッキ飲みを禁止にしています。

個人としての見た目、団体としての見られ方、この両方に気を配ることは、即効性のある、イメージ戦略となることを忘れないようにしてください。

一人ひとりと向き合う場をつくる

私がリーダーを務めている団体では、会合のあとにはほぼ100%、懇親会を開いています。

なぜ私が懇親会を開くことにこだわるのかというと、一人ひとりと向き合う場になるからです。もちろん、お酒が好きだということもあるのですが……。

会議では一人ひとりと向き合うことが難しく、なかなか自分の意見を発言できないタイプの人とは、一度も言葉を交わさないまま、解散となってしまうことも。

しかし、懇親会の席ならば、時間をかけていろんな話ができますし、お酒が入ることで普段は話せないような心の内を聞かせてくれるきっかけにもなります。


東京商工会議所世田谷支部青年部の初総会のあとにも、総勢30人以上で懇親会を開催しました。初めての総会でしたから、3分の1くらいのメンバーとは面識がありませんでした。大きなテーブルが5卓ありましたが、各テーブルに1人か2人は、名前も顔も知らないメンバーがいたわけです。

そこで私は、乾杯のあとにすべてのテーブルをまわって、一人ひとりへ声をかけ、挨拶をし、名刺交換をしました。共通の話題を見つけて雑談をしたり、団体について意見を聞いてみたりと、こちらからどんどん話しかけて胸襟を開いてもらえるように努めたのです。

もちろん懇親会のときにすべての席をまわれないこともあります。団体のトップとして、ちょこっと顔を出して「これから一緒にやりましょう」と、ひと言ふた言、声をかけて去っていくこともあります。そこはケースバイケースです。

ここで重要なのは、会の代表者から一人ひとりに声をかけていく、という姿勢です。一般的には、代表者やリーダーを務める人間は、新人メンバーが挨拶とお酌をしにくるのを椅子にどっかりとすわって待つ、というケースが多いように思います。

私は逆に、先手を打って先にメンバーへ歩み寄ります。先にもお伝えした通り、私はトップダウンが常のピラミッド型の組織ではなく、逆ピラミッドのいちばん下で、代表やリーダーがメンバーを支える組織であるべきと考えているからです。それを、自分から歩み寄って、胸襟を開いてもらうという行動に落としこんでいるわけです。

そもそも、どっかりとすわってお酌をさせる代表者と、自ら歩み寄って言葉をかけてくる代表者、どちらと向き合いたいと思うでしょうか。どちらがいる団体へ入りたいと思うでしょうか。答えは明確だと思います。

第3章

人が集まる組織・団体の動かし方

～ケース・スタディ～

これまで、非営利団体の人の集め方や運営のコツについて述べてきました。私はこれまで幾つもの団体の運営を経験してきましたが、その中から4つほど取り上げて、具体的に何をおこなったか、その結果どうなったかをご紹介していきます。

会員増強を徹底して行い、活性化

ケース1　東京青年会議所（東京ＪＣ）

私が公益社団法人東京青年会議所（東京ＪＣ）に入ったのは、27歳のときでした。先輩に誘われて入会したのですが、入会の請求書が来たときには、正直、驚きました。入会金が６万円、年会費が18万円もかかるからです。当時の私にとっては苦しい出費でしたが、それでも入会を決めたのにはわけがありました。

そのころの私は、２度目の会社を設立したばかりでした。その前にうまくいかなかった会社をたたんだ経験があったことから、こんどの会社は絶対につぶしたくないと心に誓っていました。ＪＣは若手経営者が多く集まっている団体です。私はここで、経営者としてのノウハウを吸収しようと意気ごんでいたのです。

その後、入会にかかったそれらの経費は、そこで得たものを考えると非常に安かった、と言えるものとなりました。入会後、私はJCの会合のたびに、名だたる地元の先輩経営者たちへ「こんなときはどうしたらいいですか?」「このことについて教えてください」と質問してまわりました。そんな私に対して、先輩たちは「そんなことも知らないの?」と言いながらも、非常に親切に、丁寧に指導してくれたのです。

その先輩経営者の皆さんからいただいたアドバイスは、会費や交際費が安いと思えるくらい、多くの学びを私に与えてくれました。

2001年、私が32歳のときにJCの世田谷区委員長に就任しました。

今でこそ世田谷区内に数多くの知り合いがいますが、当時はこれといった人脈があったわけでもなく、自分が人を集められるとは思っていませんでした。

ただ、もともと人見知りだった私には、構えて心を開かない相手の気持ちがわかりました。そうした人は、関わるのが嫌で構えているのではなく、自分から積極的に関われないだけ。私はそうした人たちの懐に飛び込んでいくことを自分に課しました。

人集めは苦手、と思っていた私でしたが、苦手意識を振り払ってやり始めたところ、思った以上にうまくいきました。東京ＪＣ世田谷区委員長を務めた1年間で、23人の新規会員を入れることができたのです。

このとき、会員集めで使ったツールの一つが、１４０ページで取り上げた「紹介カード」です。その名も「１×２（ワン・バイ・ツー）キャンペーン」。

これは、１人の会員が、２人に紹介カードを書いてもらうというものです。１人が１人に書いてもらっては、現状維持にしかなりません。２人に書いてもらえれば、会員が2倍に増える！　とシンプルな発想で、長く委員会で取り入れて来ました。私の年は「１×３（ワン・バイ・スリー）」に変えて使用しました。行動は、より可能性が広がる方に落としこむことが大切です。

私は会員増強と同時に、組織の活性化も進めました。委員長になった当時、１００人近いメンバーが所属していましたが、会合に出席していたのは、そのうちの30人ほど。会員の稼働率が3割程度と、かなり悪かったのです。これでは組織は活性化しません。

私はこれをなんとかしようと、手書きのはがきを送ることにしました。81ページでもお伝えしたように、印刷した文字、もしくはデジタルの文字しか触れなくなった昨今、手書きの文字には特別な力があります。

「10分で構いませんので顔を見せてください」

「意見を伺いたい議案があるのでおいでいただけませんか」

さすがに数十枚も書くと、手が痛くもなります。しかし、こちらの温度が伝わることを信じて、一人ひとりにメッセージをしたためました。結果、手書きのはがきを受け取ったメンバーたちには、私の熱意を感じ取ってもらえたようです。手書きはがき作戦のあと、出席者は60人ほどに増え、稼働率が50パーセントを超え、当時の会議室に入れなくなったほどでした。

対外的に委員会ニュースを作成し、どんなことをやっているかも訴求しました。当時、SNSはもちろん、WEBツールはほとんどない時代でした。メンバー向けのニュースはあったのですが、書き出しは「みなさん、こんにちは！」……と、完全に内部向けでした。その体裁を整えて活動の内容を記事にし、地元新聞社のメンバーに構成してもらって作成したニュースを、毎月、関係する他団体の皆さんや行政の関係部署などに送り続けました。半年もすると「JＣってまともなことやっているんだな」「お前が委員長の時ならうちの息子を入会させてもいいな」と効果が出てきました。セールスマンでいう「紹介セールス」に結びついたと言えます。

２００4年に東京JＣの理事長に就任したときは、東京23区の首長、全員に面会のアポイントを取りました。これは歴代理事長として私が初めておこなったことで、前例はありません。区長全員と面会した理由は、JＣは23区に委員会があり、各区の委員会が区内で活動しているのに、そのトップである理事長が各区長と話していないのはおかしいと思ったからです。

東京JＣの理事長が、都知事と話す機会は珍しくありません。しかし、現場は各区です。「東京から日本を変える」とよく言いますが、世田谷区なら世田谷区から変わらなければ、東京は変わりません。実際に面会がかなった19の区長と面会し、さらに、各区の委員会もすべて訪問し、すべての懇親会に出席しました。

会社を経営しながら、そういった時間を捻出するのは正直、ラクなことではありませんでした。しかし、私が理想としている組織は１１４ページのように、逆ピラミッドです。自分がこれから支えるべき、各地区の委員会のスタッフと一度もまともに話したことがなければ、それはかないません。中央部でどっかりとすわったまま行動を起こさない。会合で相手が近づいてきたら、適当に声をかける。それでは組織の活性化は実現しないでしょう。時間をかけてこちらから足を運ぶことで、メンバーに「古谷さんは本気なんだな」と温度が伝わり、モチベーションが上がるのです。

また各委員会の新人メンバーとも話す機会ができたことにより、例会などの出席率が向上したことは言うまでもありません。現場に近い理事長だったのだと思います。

私が関わった入会人数は、これまでに約60人にはなるでしょう。ＯＢになった今でも、年に1~2人はＪＣの会員を増やして数を更新しています。地元の世田谷でめぼしい若手の人材がいれば、「そろそろＪＣに入らないか?」と誘っていますが、相手からは「いよいよ自分も声をかけてもらった」という受け止め方をしてもらっているようです。ＪＣへの勧誘を受けることに対して、非常に価値を感じてもらえているということです。

一つのステータスとしての価値観が構築されると、勧誘は難しくなくなります。

ケース2　世田谷工業振興協会　青年部会

団体の個性を活かしたイベントで活性化

２０１５年に、私が世田谷工業振興協会（以下、工業会）青年部の部長を引き受けたときの会員は、実に８人しかいない状況で、存続が危ぶまれるほどでした。

ＪＣや少年野球チーム、ボーイスカウトなどで結果を出していた私に、当時、友人だった前部長から「なんとか立て直してほしい」と依頼があり、部会長を引き受けることになりました。

まずは、危機的な会員数をなんとかして早急に増やす必要がありました。

そこで、少々荒技でしたが……「入会の申込用紙をその場で記入してもらって持ち帰る」戦術を使いました。

入会の可能性がある業種の後輩たちに「○日、飲むから来ない？」と電話をかけて７人集め、その場で「工業会の青年部の部長を引き受けることになった。立て直すので協力してほしい」と打ち明けて、資料を配りました。

「会費はこれだけ。はい、嫌な人は手を挙げて。誰もいないね。全員申込書を書いて！」と、会に引きこんでしまいました。

その7人の後輩たちは「罠にはめられた」と苦笑いしつつ、入会してくれたのです。それ以来、みんなアクティブに活動してくれています。


こんな荒技を使ってメンバーを集めたのは、さすがにこのときだけです。

ただ、前述したように資料や申込書を渡して「検討してみてください」で終わりにすると、ほとんどの場合、そのあとの展開はありません。

「少しでも可能性があるなら申込書に記入してください。それから考えてもらってもよいです」

「○月○日はご都合大丈夫ですか？　会合があるので一度見学に来てください」

など、その場で「詰める」ことで入会の可能性は格段に上がります。もちろん、そのあとの声かけや電話などのフォローも不可欠です。

もう一つ、真っ先におこなったのが、規約の改定でした。

工業会に入会した当初、当時の部長が総会の折に「規約に則って、私が議長を務めます」と言ったものの、規約のどこを読んでもそんなことはいっさい書かれていないということがありました。

そのときに、団体のアイデンティティにもつながる規約、もしくはその理解があいまいであること、それに対して執行部だけでなく、メンバー全員が疑問や違和感を抱いていないことが印象に残りました。


規約のあいまいだった点の一つに、所属年齢がありました。

青年部の所属年齢の上限が「50歳まで」と記されている一方で、「55歳までの所属が可能」とも書かれていたのです。これまでそういったことに気がつくメンバーがいなかったのでしょう。いつの間にか定年の良くわからない青年部が出来上がっていたのです。規約の内容に一貫性がないと、解釈の違いから運営も一貫性を失い、混乱を招きます。

そのため、私は背骨の通った運営ができるよう、規約の改定に取りかかりました。

新しい規約を作成し、それを特別会員として所属されていた弁護士の方に見せ、相談しながらたたき台をつくりました。

先にお伝えした通り、急速で独善的な改革はメンバーの反発にあい、失敗をすることがあります。私は規約のたたき台を出して2ヵ月に1回のペースで開かれる会合のたびにメンバーから意見を募り、修正をすることを繰り返しました。

問題だった年齢制限についても、「現在在籍している50歳以上の会員は55歳まで」とし、それ以外の会員は「50歳まで」という内容に改定しました。さらに、それまで「青年部」と名乗っていた名称も「青年部会」に改めました。

翌年の総会では全員の総意を反映した、新しい規約を成立させることができました。

規約をスムーズに改定することができたポイントは、次の2点です。

①一人で勝手に決めたのではなく、プロフェッショナルなスキルを持つメンバーと相談の上、内容を固めた

②いきなり全面的に変えず、時間をかけてメンバーの意向をヒアリングした上で結果的に全面的な改定を行う総意を得た

何かを変更するときには、これぐらいの根まわしは当然ながら必要です。

団体の背骨が通ったところで、新しい事業にも取り組み始めました。

中でも、好評だったのが「パインウッド・ダービー」です。

これは、規格内に自分が設計した車を、公式キットの松の木を使用して、切ったり削ったり、色を塗ったりして小さなレースカーをつくり、専用のコースを走らせて、速さを競うもの。アメリカのボーイスカウトのプログラムの一つで、最近では日本のボーイスカウトでも人気が出始めています。

当時、工業会は区内のいろんなイベントに参加していましたが、廃材を使用した箸作りがメインであり、他にも〝ものづくり〟業界らしい、新鮮な企画をやりたいと考えていました。

ボーイスカウトを通じてダービーの存在を知った私は「これだ！」とインスピレーションがわき、工業会で子ども向けのイベントとしておこなうことを思いつきました。

運営は、ボーイスカウトにも協力を要請しました。

結果は大好評で、工務店のメンバーは子どもの設計に合わせて木をカットしたり、彫刻刀の使い方を教えたり、もともと〝ものづくり〟に長けた工業会の大人たちは腕によりをかけて子どもたちのダービーカーの制作に協力しました。

ダービーの設置には区内のイベントの幾つかと交渉し２つのイベントで取り組むことができ、子どもたちは目を輝かせてレースに興じてくれました。

自分の手を動かしてものづくりをする楽しさ、親子で達成する喜びを子どもたちに感じてもらえる、すばらしいイベントができた上、工業会のＰＲ、活性化にもつながりました。

さらに私が所属する２つの団体がコラボレーションすることにより、双方に活動の幅を広げることができたと思います。

人を増やし、背骨を通し、新しい事業を始めて、工業会はわずか１年で息を吹き返しました。当初８人だったメンバーは、今では28人にまで増え、活発に活動しています。

ケース3　ボーイスカウト世田谷第25団

たった1人の団員が6年で83人に

日本ボーイスカウト東京連盟世田谷第25団は、国士舘大学のクラブとして誕生したローバースカウト隊だけのボーイスカウト団でした。学内では「国士舘大学ローバークラブ」として活動しています。私は、学生時代からこのクラブに関わっています。

もともと私は小学生のときに同じ世田谷区内の別のボーイスカウトに入団し、その団で30歳くらいまで活動をしていました。仕事もうまくおこなっていない時期であったり、他団体の影響もあり、井の中の蛙となっていたボーイスカウトが嫌になって退いたのですが、大学のクラブは大学関係者しか関われず、25団には籍を残しておりました。

このクラブに消滅の危機が訪れたのは、7年ほど前のことでした。部員がたった1人になってしまったのです。

「廃部ですよ。今いる1人が卒業したら廃部です。どうしますか？」

年末のある日、私に大学のクラブの部長からそんな連絡が入りました。

「3日、考えさせてください」と私は返答しました。

最初の1日半で考えていたのは、言い訳ばかり。ＯＢたちに「すみませんでした」と廃部を報告するためです。ＯＢである私は団委員長という団運営の責任者でした。

しかし、実際にはほとんど活動に関わらず距離を置いていました。というのも、ボーイスカウト活動の古い体質に嫌気がさしていたからです。

ところが、さすがに消滅するとなると放っておくわけにはいきません。3日間悩みましたが、「やるしかない」と腹をくくり、立て直しに取り組もうと決意しました。

たった1人、団に残ってがんばっていた学生は、当時大学4年生。ということは、3ヵ月後には卒業です。新しい部員を入れなければ、ゼロになってしまうのです。

「1年だけ時間をください。10人を目標にします。9人ならば、その子たちが卒業するまでは存続させますが、それ以上は新しい部員を入れずに廃部にします」

私は部長にそう宣言して、自らの退路を絶ちました。

それから、部員集めを考えました。私自身が嫌になったボーイスカウトを、自分なりに時代に即した新たなボーイスカウトへつくり変えてみようと思ったのです。

大きな仕掛けの一つが、沖縄県の宮古島での清掃ボランティア活動の立ち上げでした。ＪＣで培った事業構築の考え方がここに活きました。社会的に目的を持った活動を行うことで、学生を宮古島につれていくための費用を、多くの企業や個人から協賛を取り付けることができました。参加者を募るために学内でまいたのが「環境学習in宮古島」と銘打ったチラシ。「無料で宮古島へ行ける！」というものです。「無料だし、なんとなく面白そうだ」と、早速、学生が４人集まりました。ほかのボーイスカウト団からも２人、参加したいという隊員がいました。

結果、元からいた１人を含めた総勢７人で、新制世田谷第25団は宮古島に向かったのです。

あまり報道されていないので知らない人が多いと思いますが、初めて宮古島を訪れた人は、海岸に打ち寄せられたゴミの多さに、皆一様に驚きます。宮古島の美しい海に、尋常じゃない量の漂流ゴミが広がる景色は、見る人の心を強く揺さぶります。

感受性が豊かな若い団員たちは、なおさらショックを受けていましたが、その気持ちをエネルギーに変え、せっせと清掃しました。「ただで宮古島で遊べる」という考えはすでになかったことでしょう。隊員たちは皆、一心に海岸を掃除していました。宿泊はリゾートホテル……というわけはなく、自分たちでテントを張り、キャンプをします。食事は、毎日私が腕によりをかけてアウトドア料理を手づくりし、メンバーみんなで火を囲みながら、宮古島の星空の下で食べました。

ボーイスカウトに入団しないと得られない、貴重な体験をした4日間となりました。これをきっかけに、このときに参加した学生4人、全員が入団しました。

東日本大震災のときには、私が理事長を務めるＮＰＯで被災地を支援しました。私が初めて現地に入ったのは、震災4日目。継続的に宮城県南三陸町まで往復する生活が始まりました。往復は自力で運転。片道8時間近く走るあいだに、「そうだ、ローバースカウトに声をかけてみよう」と思い、東京に戻ってから彼らに話をしてみました。

学生たちに声をかけると「行きたい！」と手が挙がりました。

意外に思うかもしれませんが、ボランティア活動に興味がある学生は、とても多いのです。きっかけさえあれば、意欲的に参加してくれる学生はたくさんいます。

そのうち「部員じゃなくてもいいですか？」という話が出てくるようになりました。彼らは現地で見たこと、体験したことを友人たちに話をしていたようです。そうして徐々に参加者は増え、現地でクラブに勧誘すると、皆、２つ返事で入団してくれました。

結果、１人しかいなかった部員は、１年間で19人に増えました。そこからは倍々ゲームのように増えていき、２０１６年には83人にまで増えたのです。大学生だけでなく、高校生や小学生のメンバーも加わりました。

ボーイスカウトは年代によって隊が分かれています。小学校低学年がビーバースカウト、小学3年から5年までがカブスカウト、小学6年から中学3年までがボーイスカウト、高校生以上がベンチャースカウト、18歳から25歳がローバースカウトです。

私たちの団には、肝心要のボーイスカウト隊はまだありません。すべての隊がそろっていないのに、世田谷区にある21団のうち、団員数はトップクラスになりました。ちなみに、１人になってしまった年は、当然ながら21番目でした。

ケース4　少年野球チーム

ホームページや体験会の充実で人数倍増

小学3年生だった私の息子が少年野球チームへ入ったとき、息子は13人目のメンバーでした。

ご存じの通り、野球は1チーム9人。13人では1チームしかつくれません。高学年と低学年のチームに分ける余裕もなかったため、仕方なく、低学年と高学年の合同チームで高学年の試合に出場していました。しかし、3年生と6年生では体力も技術も差が大き過ぎるので、当然ながら勝負になりませんでした。

息子が入部したとき、チームはそうした選手不足に苦しんでいました。

子どもたちを指導する監督やコーチはいたので、私はお父さんとして月に1～2回お手伝いで練習に顔を出していました。基本的に口は出さなかったのですが、あるとき、あまりに子どもたちのだらしない状況があり、差し出がましいのですが子どもたちを集めて叱ったのです。それを当時の代表が見ていて、この人は子どもの扱いが慣れていると思ったそうです。それからは顔を見せるたび、「コーチになってほしい」と言われました。当時はまだＪＣの現役で仕事も忙しかったので1年ほど断り続け、結局引き受けることとなりました。既に長年携わっている、代表、監督、コーチがおり、運営の支障がないように、私は子ども集めに注力することにしました。

子どもを集めるための仕掛けとして、まずはありきたりですが、所属している選手の自宅や地域の商店などに勧誘のポスターを貼ることに。同時に、小学校に乗り込んでチラシを配布してもらい、お母さんたちには「野球に興味がある子はいない？　近所の子に聞いてみてよ」と声をかけていきました。

野球に興味のある子どもたちを集めて、体験会も開きました。

まだまともに野球ができない1年生とは、キャッチボールの真似事や、ボールを使ったゲームなどで遊びました。

子どもが何かを始めるときはなんでもそうですが、第一歩は「楽しい」と思えるかどうかが大切です。「野球の練習を体験した」というよりも、「よそのおじちゃんと遊んでもらって面白かった」と子どもたちに思ってもらえるように、キャッチボールの真似事や、目標物にボールをあてることなどをさせて、うまく当たれば「おお！　スゴイね！　上手だったよ。おじさん、びっくりしたよ！」とたくさんほめました。体験会のあとは「来週もまたおいでね」と声をかけました。

この日にきた子どもたちは、皆家に帰ってから、親御さんに「楽しかった！　また行きたい！」と言ったそうです。

次に取り組んだのが運営改革です。組織としては完成度が低く、運営面では不備が多かったのです。まずはほとんど開催されていなかったスタッフ会を定期的に開催することとし、リーグの状況の報告、各種イベントの事前準備などを打ち合わせしました。しっかりと備忘録を作り、スタッフへも配布し前回決定した内容を共有しました。場当たり的だった運営を少しずつ整えていくと、連絡体制や保護者の協力も得やすくなっていきました。スタッフ間で練習方法についても確認でき、目的をもった計画的な練習に変化していきました。

もう一つ、入会をジャッジする大きな判断材料になるのが、保護者の負担です。子どもがやりたいといっているから入れてあげたい。でも、最近は共働きが増え、親御さんは仕事に忙しく、運営のお手伝いの負担が大きいことで、子どもにあきらめてもらう、というケースが少なくありません。

もともと交代制で保護者がお手伝いに来ていたのですが、何でもかんでも保護者任せの雰囲気がありました。そこで、私は監督やコーチなどスタッフの仕事と、保護者にお願いする仕事を明確に区分けしました。

練習や試合、イベントの計画や運営、試合に行くときの車出しなどは、すべてスタッフの仕事。

試合のときのスタッフや審判へのお茶出しや救急用品の準備、備品の管理やお昼の手配は保護者にお手伝いしてもらうことに。

これならば、試合のときだけ持ちまわりで担当してもらえば、保護者は年に数回だけのお手伝いになり、負担も軽減されます。想定外のお手伝いもなくなったので、安心して入会してもらえるようにもなりました。

子どもが自分から「やりたい！」と意欲を見せてきたら、親はなんでもやらせてあげたいと思うものです。そして、次の行動としては「どんなチームだろう」とインターネットで検索するでしょう。

ここがターニングポイントになります。

そのとき、ホームページがあるかどうか、そのホームページに知りたい情報があるかどうかが重要です。楽しそうに野球をプレーしている子どもたちの写真があれば、親の目にも魅力的に映り、入会の決め手となるのです。

私は監督に就任したとき、野球チームの公式ホームページを立ち上げました。ホームページには出欠ボードも設けて、簡単に出欠を共有できるようにしました。入会の問い合わせが毎年ホームページ経由で来るようになり、入会人数は確実にアップしています。

体験会の充実や保護者の負担軽減に取り組んでから、半年後、新たに14人の子どもがチームメートになりました。翌年には低学年チームもつくれるようになり、今では毎年30人を下まわることがなくなりました。

そこまで見とどけた私は「もう大丈夫」と確信し、コーチ、低学年監督、高学年監督、総監督、チーム代表と務めてきた少年野球も昨年で引退しました。

第4章

運営者が持つべき6つの心得

代表者が変わると、その団体のカラーが大きく変わることがあります。衰退していた団体が息を吹き返すこともあれば、活発だった団体に勢いがなくなることもあります。

人が集まる魅力的な団体になるかどうかは、リーダーをはじめとする中心メンバーの手腕に左右されるわけです。

それでは運営者はどんな心構えで団体と向き合うべきでしょうか。

6つの心得をまとめました。

心得1　リーダーであることを自覚する

少年野球の監督を思い浮かべてみてください。

ヨレヨレのTシャツにダボダボのスラックスでキャップもかぶらずベンチにすわっていたら、あなたはどう思いますか？「なんてだらしない監督なんだ」「このチームは大丈夫か？」といった印象を受けるはずです。

そんなチームに子どもを入れたいとは思わないでしょう。

背番号30番（少年野球では監督の背番号は30番と規定で決められていることが多い）のユニフォームをビシッと着こなしている――これでこそ、監督らしくなるのです。同じように、地域のボーイスカウトを率いる地区コミッショナーが、ダラダラとした行動や小さな声でボソボソ話していたら、なんの威厳もありません。

団体の代表を務めていると、他団体の式典などに来賓として呼ばれることが多々ありますが、そのとき、自分たちの活動について語れず、覇気もなければ、その団体は魅力的に映りません。

団体の代表には、代表らしさが求められるのです。

代表には2つの面があります。

1つはその団体の内部のメンバーを率いること、もう1つは対外的な顔であること。

外からどのように見られるのか。

「あの会長、カッコ悪いよね」と言われないようにするにはどうすればいいのか。

身だしなみを整える、姿勢を正す、大きな声でゆっくり話す。

こういったことを心がけるだけで、外からの印象は格段と良くなります。

今の自分の姿を見て、相手はどう思うだろう。

そう考えてみてください。

良くも悪くもリーダーを通してその団体がどんな集まりか伝わります。リーダーが持つべきは、その団体の代表であるという自覚です。

よく「人間は見た目じゃない、中身が大事だ」と言いますが、私は「見た目も中身の現れ」と思います。

リーダーの見た目は団体の看板です。

公私を完全に分けるのは難しいかもしれませんが、少なくとも代表としての公の立場を演じることが必要です。

自分の見た目は自分のためではなく、団体のため、メンバーのためと考えて、理想の団体のイメージ通りにつくりこんでください。

心得2　君臨しない

10年も20年も、特定の団体の会長でいつづける人。

ＯＢになっても口を出しつづける人。

あなたの所属する団体には、そんな人はいませんか？

いろんな事情で、長く代表を続けざるをえないこともあるでしょう。団体によっては仕方のないこともあります。また、この人にはいつまでも会長でいてもらいたいという素晴らしい方もいるでしょう。しかし私は、長く同じ人が君臨しつづけることは、団体にとってマイナスと考えています。先にも述べた、「老害」を招くからです。


「団体は現役のもの」

これが私のポリシーです。私自身が役割を担ったことがある団体に対して、基本的にＯＢとして口出ししません。自分が現役で関わっている団体のことで忙しくて、とても卒業した団体に足を運ぶひまがないということもありますが。任期があるなら、極力その1年なり2年のうちに集中してやるべきことをやる。卒業したら、君臨しない。卒業生やＯＢが君臨している老化した団体に入りたいと思う人は少ないでしょう。

「おれが、おれが」というタイプの人がいます。「おれがやってやったんだ！」「おれがアドバイスして良くなった」「おれがあいつをあのポジションに付けたんだ」といったように、ＯＢでも現役のメンバーでも必要以上に「どうだ！　スゴイだろ！」と自分の手柄を誇る人です。経緯を知るという意味では、そういう話も聞いておく必要があるのかもしれませんが、そこから何も生まれません。

私の考えでは、リーダーはあくまでも支え役、前述のように「逆ピラミッド」が健全な組織の在り方です。メンバーあってこそのリーダーであることを忘れてはいけません。「おれが、おれが」は誇張した自慢話以外の何ものでもありません。

心得3　物事を多面的に見る

「自分はこう思うけど、ほかの人から見たらどうだろうか？」

私は、このことを常に意識するようにしています。君臨しないことにも通じるものですが、周りの意見には、必ず耳を傾けます。

たとえば会議の資料をつくったとき、コアメンバーに見せて意見を求めます。「ここはわかりにくい」「これは書いてあるけど、この視点はないんですか？」といった指摘を受ければ、それを踏まえて練り直します。受け手の気持ちを一生懸命に考えるのです。

組織や運営の改革案をまとめるときは、文章がやわらかい表現になるように気を配っています。あまり強い表現では、拒否反応を起こす人が必ずいるからです。

一方で、口頭で説明するときは強い口調で言います。

「今、これをやらないと、団体がつぶれます！」「こんな意識だから、ダメになっているんだ！」といった調子です。

あとに残らないものは強く。しっかりとその先にある志と強い覚悟を示すためには強い口調も必要です。記録として残るものはやわらかく。端的に。

これが、反発を受けず、スムーズに運営改革を進めるコツです。

心得4 「社会に必要とされる団体」をめざす

「社会に必要とされる団体になろう」

これは、私がよく使うフレーズです。

どの団体にも目的があり、特色があります。どの団体も自分たちなりに活動していることでしょう。しかし、ともすると身内での満足で終わってしまいかねません。

私が大切にしているのは「社会的に必要とされる団体」になること。

非営利団体は、それぞれの目標があり、それぞれの活動をすることで役割をはたしています。しかし、すべて共通してその目標、活動、役割が「社会に必要とされている」ということが、非営利団体の重要な存在意義です。

たとえば地域のイベントのとき、「あの団体に参加してもらいたい」と思われる、あるいは、自治体の広報誌から「あの団体に登場してもらおう」と思ってもらえる。

それが、社会から必要とされる団体です。

ボーイスカウトは、いろいろなイベントからお呼びがかかります。きちんと制服を着てテキパキ行動する子どもたちは、どこへ行っても好評です。イベントの見栄えも良くなります。

私は東京商工会議所世田谷支部青年部を立ち上げたとき、「地域のさまざまな団体のハブになること」をビジョンに掲げました。すでに多くの経済団体があるのに、新しいことを始めるとなると、他団体の邪魔になりかねない。それよりも、団体と団体のつなぎ役として、必要とされる団体にしようと考えています。

メンバーの多くは、既存の団体で活躍しているメンバーが多いことも理由の一つですが、商工会議所はすべての団体のハブになるにはいちばん理想的な団体であり、区内のあらゆる経済団体のトップも所属しているからです。

「すべての団体のハブになる」というのは求められる姿です。地域から求められる団体を構成するのは、地域から求められる人材の集まりということでもあります。

心得5　相手に興味を持つ

リーダーが、どれだけ多くの人とネットワークをつくれるか。団体に人を集めるためには、これが何よりものをいいます。名づけて「友達100人できるかな計画」。それではどうすれば友達になれるのか。簡単です。相手に興味を持って、「友達になりたい」と思い、行動すればいいのです。後輩、取引先、上司や部下といったしがらみを取っ払って、友達になればいいのです。「一緒にゴルフに行こう」、「今日飲んでいるけど、来る？」と言える関係性がつくれたら大成功です。

私は知り合ったばかりの人にも「今、近所で飲んでいるんだけど、来る？」と突然、誘いの連絡を入れることがよくあります。そのわけは、第2章でもお伝えしたとおり、その人と集中的に向き合う時間をつくるためです。懇親会のときも、初めて来た人、あまり話したことがない人のところにできるだけ飛びこんでいきます。

しかし、ここで自分の話ばかりしては意味がありません。また、「うちの団体の在り方は……」といきなり価値観を押し付ける話をすることも早計です。

一番にやるべきことは、相手に関心を持って話をよく聞き、どんな考えを持っているのか、頭の中をのぞき、心をつかむことです。

ボーイスカウトでは、隊員の大学生と就活やバイトの話もします。時には恋愛の相談までされることも。少年野球では小学生をきちんと観察して、「この前の試合のバッティング、上手だったね」と声をかけます。

相手に関心を持って、声をかける。これがネットワークづくりの出発点です。

心得6　仕事目当てはNG

あるとき、少年野球チームで、古いバットを30本ほど捨てることになりました。ところが、金属バット30本の捨て方なんて私にはわかりません。地域の経済団体の仲間に産廃会社の経営者がいたので相談したところ、「それなら木曜日に車をまわしますから、外に出しておいてください」とのこと。あっというまに解決しました。

ほかにも、弁護士や社会保険労務士、司法書士といった知り合いも増えます。地域のさまざまな団体に関わっていると、仕事やプライベートでプラスになる場面が多々あるのです。
アパレル企業を経営している私に「そろいのTシャツを１２０枚つくりたいんだけど」といった相談が舞い込むこともあります。もちろん、そんなことはお安い御用です。

ただし、仕事目当てで地域の団体に入るべきではないと私は思っています。入会してきていきなり「私は保険の営業をやってます。どこの保険に入っていますか？」と言われたら、それは違うだろう、という話になります。
仕事上の人脈づくりが目的のビジネス交流会で商売の話をするのはなんの問題もありませんが、地域の活性化を目的にしている団体でいきなり仕事の話をするのはお門違いというものです。ましてや、仕事目当てでリーダーを引き受けるようなことはあってはならないと私は思います。

活動しているうちに、人間関係ができて、仕事でも助け合える。そんな関係を大切にしたいものです。

おわりに

私はこれまでお伝えしてきた通り、数多くの非営利団体のリーダーを務めてきました。

本書を執筆するにあたり、ざっと洗い出してみたところ、ボーイスカウトの隊長をはじめて引き受けた１９９１年から２０１８年現在まで、27年間で60以上の団体やイベント事業の役職を務めていました。

それも、おぼえているかぎりなので「おそらくもっとやっているな……」というのが実感です。

私は会社を経営しながら、すべての団体で、無報酬で、しかも会費を払い、プライベートな時間のほとんどを割いて働いてきました。

自ら「代表をやります！」と手を挙げたことは、ほぼありません。唯一の例外が、東京青年会議所の理事長だけです。

ボーイスカウトや少年野球でも、300名を超す子どもたちと触れ合ってきました。彼らから「隊長！　来月結婚するんだ！」「代表、大学決まりました！」と連絡をいまだにもらえることはほんとうにうれしいことです。初めてあったときは小学生だった子たちといっしょにお酒を飲んだり、ゴルフに行けるようにもなっています。

「なぜそこまでやるのですか？」とよく言われますが、じつは自分でもよくわかりません。でも多くの方と出会い、多くの仲間とともに築き上げてきたものがたくさんあります。「お前がやるなら……」と言って手伝ってくれる仲間がいます。困ったときに手を差し伸べてくれる仲間もいます。全国どこに行っても迎え入れてくれる仲間がいます。これは、私のかけがえのない財産となっています。

これまで所属して来た多くの団体で新たな会員獲得をしてきたのは、仲間という財産づくりだったのかも知れません。

そして、いつも自分の根っこに存在しているのは「今よりもよい社会を創るために行動する」という意識です。

青年会議所の理念は「明るい豊かな社会の実現」です。

ボーイスカウトの目標は「社会に貢献できる人間力を備えた人材育成」。

世田谷法人会の目標は「税知識の普及、納税意識の高揚や地域企業と地域社会の健全な発展に貢献する」。

世田谷工業振興協会は「世田谷区内の企業の健全育成と地域産業の振興を図り、地域社会の発展に寄与する」です。

すべて共通しているのは「より良い社会を創る」こと。

どれも実現のためには恒久的に続けていくこと、そのための人材が絶対に必要です。

それは、私の自身の運動に賛同してくれる仲間づくりなのかも知れません。

あなたが関わっている団体には、立ち上げた人たちの願い、受け継いできた人たちの思いが詰まっているはずです。

それを次世代に引き渡していくために欠かせないこと、それが人集めです。

人を集めずして、どんな団体も存続しません。

それは技術さえあれば、不可能なことではありません。ぜひ、本書をヒントに明日から人を集める行動を始めてください。


団体を拡大していきたい。

組織を活性化したい。

魅力ある団体にしたい。

本書がそんな悩みの解決に少しでもお役に立てれば、望外の喜びです。


「一人の声から、一人の熱意から、一人の行動から」

２０１８年５月

古谷真一郎

[著者紹介]

古谷 真一郎（ふるや・しんいちろう）

1968年生まれ。21歳で起業するも数年で失敗。創業期のアチーブメント株式会社での社長室長をはじめ、数社掛け持ちで仕事をこなし事業の復活を図る。1997年にシルバーアクセサリーブランド「GARNI（ガルニ）」を立ち上げる。その後別会社も数社立ち上げ、複数社の経営に携わりながら、2004年度東京青年会議所 第55代理事長、2005年度日本青年会議所 常任理事、日本ボーイスカウト東京連盟世田谷第25団 団委員長、公益社団法人世田谷法人会青年部会 部会長、全国法人会総連合青年部会連絡協議会 会務担当副会長、少年野球チーム代表などを歴任。
数多くの非営利団体の運営に携わり、これまでに60以上の役職を務める。いずれも所属した団体では会員を増やし、活性化させたことから「団体再生請負人」と呼ばれている。現在も、公益社団法人世田谷工業振興協会青年部会 部会長、ボーイスカウト世田谷地区 地区コミッショナー、東京商工会議所世田谷支部青年部 初代幹事長、なでしこリーグ加盟・NPO法人スフィーダ世田谷FC 理事長をはじめNPO法人理事長、地域のイベントの実行委員長など、複数の役職を担っている。

人を集める技術

2018年（平成30年）7月2日　第1刷発行

著　者――古谷真一郎
発行者――青木仁志
発行所――アチーブメント株式会社
〒141-0022　東京都品川区東五反田4-6-6
高輪台グリーンビル
TEL 03-3445-0311（代）／ FAX 03-3445-2310
http://www.achievement.co.jp

発売所――アチーブメント出版株式会社
〒141-0031　東京都品川区西五反田2-19-2
荒久ビル4F
TEL 03-5719-5503 ／ FAX 03-5719-5513
http://www.achibook.co.jp

twitter　@achibook
facebook　http://www.facebook.com/achibook
Instagram　achievementpublishing

装　丁――轡田昭彦＋坪井朋子
本文DTP ――合同会社キヅキブックス
校　正――株式会社ぷれす
印刷・製本――株式会社光邦

ISBN 978-4-86643-029-4